PETER KALCHTHALER
HANS SIGMUND

Hexen,
Lalli,
Flecklehäs

CARNEVAL-VEREIN

VEREIN

FREIBURG i/B

10

1898.

Hexen, Lalli, Flecklehäs

EIN FÜHRER DURCH DIE
FREIBURGER FASNET

PETER KALCHTHALER
HANS SIGMUND

HERDER

FREIBURG · BASEL · WIEN

Originalausgabe

Alle Rechte vorbehalten – Printed in Germany
© Verlag Herder Freiburg im Breisgau 2007
www.herder.de
Gesamtgestaltung: Weiß – Graphik & Buchgestaltung
Druck und Bindung: fgb · freiburger graphische betriebe 2007
Umschlagmotiv: Richard Fahr: Münsternarr.
Gouache, Freiburg 1964
Abb. S. 2: Festschrift zum 10 jährigen Bestehen
des Freiburger Carnevals-Vereins, 1898

ISBN: 978-3-451-23071-4

Inhaltsverzeichnis

Liebe Bürgerinnen und Bürger, verehrte Fasnetfreunde,

im Terminkalender des Oberbürgermeisters spielt die Fasnet eine wichtige Rolle. Traditionell ist mit diesem Amt die Schirmherrschaft über die Narren unserer Stadt verbunden. Ich habe diese Aufgabe gern übernommen. Und genau so traditionell sind am Schmutzige Dunschdig der närrische Sturm auf das Rathaus und die Entmachtung des Oberbürgermeisters – jedenfalls für die hohe Zeit der Fasnet, in der dem Rathaus ein närrisches Regiment gut tut.

Die Fastnacht zählt zum historischen Brauchtum in unserem an Geschichte und Geschichten so reichen Freiburg. Das Stadtarchiv belegt den Begriff «vasenaht» schon für das Jahr 1283, und seit dem 15. Jahrhunderts ist närrisches Treiben mit Fastnachtsspielen, Brunnentragen, Butzenlaufen und anderem mehr nachgewiesen. Bürgerschaft, Handwerker, Studenten der Universität und Klerus haben vor der Fastenzeit ausgelassen gefeiert und den Brauch über Jahrhunderte gepflegt. Im 19. Jahrhundert begann die organisierte Fastnacht, die in der Gründung eines Komitees gipfelte, aus

dem 1888 schließlich der Carnevalsverein hervorging. Keine 50 Jahre später führten Freiburger Bürger die alemannische Fasnet ein und gründeten die Breisgauer Narrenzunft. 36 Narrennester, Zünfte, Corps und Untergliederungen bilden heute die Basis der Fasnet in der Stadt und den Stadtteilen.

Fastnachter sind häufig als aktive Bürger fest im Leben unserer Stadt verankert. Vielfältig ist das Engangement der Narren in der Jugendarbeit, im kulturellen oder im sozialen Bereich auch über die Fasnet hinaus. Bürgermeister und Stadträte waren und sind in der Freiburger Fasnet aktiv, ich nenne stellvertretend den langjährigen Oberzunftmeister der BNZ Willy Jäger als einen der «Väter» der Freiburger Fasnet. Er hat nach dem II. Weltkrieg das Technische Hilfswerk mit aufgebaut und sich jahrzehntelang als Gemeinderat für seine Heimatstadt engagiert.

Ich freue mich, daß nun nach Jahren wieder ein profunder Führer durch die Freiburger Fasnet vorliegt, in dem sich Einheimische wie Neig'schmeckte und Gäste informieren können. Den Autoren danke ich für ihre Arbeit und wünsche «Hexen, Lalli, Flecklehäs» viele närrisch-interessierte Leserinnen und Leser.

Dr. Dieter Salomon
Oberbürgermeister der Stadt Freiburg

Liebe Fasnetfreundinnen und Fasnetfreunde,

im Namen der Breisgauer Narrenzunft e.V., kurz BNZ, darf ich Sie recht närrisch-herzlich zum Erwerb dieses Buches beglückwünschen. Nach langen Jahren ist es wieder gelungen, Ihnen, den Leserinnen und Lesern, die Freiburger Fasnet auf diese Weise nahe zu bringen und bildhaft zu dokumentieren.

Schon im Jahre 1974 gab Oberzunftrat Wolfgang Herterich das Buch «Freiburger Fasnet einst und jetzt!» heraus, in dem er zusammen mit Rolf Süß die Geschichte und das närrische Brauchtum der BNZ dokumentierte. Seit 1979 existiert das Fasnetmuseum im BNZ-Zunfthaus in der Freiburger Turmstraße 14. Die Initiative ging maßgeblich vom damaligen Oberzunftmeister Werner Nageleisen aus, der es verstand, zusammen mit seiner «Gefolgschaft» und unterstützt von der Stadt Freiburg mit Oberbürgermeister Dr. Eugen Keidel, diese Narrenschau ins Leben zu rufen. Für Zunft und Stadt ein Gewinn!

Das neue Buch, von den aktiven Freiburger Fastnachtern und «Brauchtumshütern» Peter Kalchthaler und Hans Sigmund verfaßt und bebildert, knüpft

an das schon lange vergriffene Werk Wolfgang Herterichs an und will wie dieses den Besucherinnen und Besuchern des Museums aber auch denjenigen, die zur Fasnet nach Freiburg kommen, Informationsquelle und zuverlässiger Führer durch die närrischen Tage sein. Die BNZ ist stolz auf ihre noch «junge» Geschichte, weiß aber auch um ihre Wurzeln, die es ebenso zu erhalten gilt. Die Freiburger Fasnet lebt!

Der Dank der BNZ geht an den Förderverein Freiburger Fasnetmuseum e.V. für die Realisierung dieses Buches aber auch für den unermüdlichen Einsatz für das Narrenmuseum, das mittlerweile über 400 Exponate beheimatet. Häs, Masken, Urkunden, Orden zeigen die Vielfalt der Freiburger Fasnet, bieten aber auch den «Blick über den Tellerrand» auf das närrische Treiben in der Umgebung. Unser Dank gilt auch dem Verleger Manuel Herder, für das Interesse, in seinem Verlag ein Buch über die Freiburger Fasnet herauszugeben, und seinen Mitarbeitern, die die Realisierung des Buchs betreut haben. Mit der Freude auf eine jederzeit glückselige Fasnet wünsche ich jeder Leserin und jedem Leser viel Spaß beim Betrachten und Miterleben der Freiburger Fasnet.

Freiburg, auf die Fasnet 2007

Dieter Niederberger
Oberzunftmeister der Breisgauer Narrenzunft e.V.

Fastnacht, Karneval, Fasnet

Wandlungen eines Brauchtums

Im Vergleich zu den «Narrenhochburgen» wie Villingen und Rottweil oder zu regional bedeutenden Fastnachtszentren wie Endingen und Elzach, deren Fastnacht sich in der heutigen Form wenigstens bis ins 18. Jahrhundert zurückverfolgen läßt, besitzt das alemannische Fasnetreiben in Freiburg keine sehr lange Tradition. Erst 1934 wurde die Breisgauer Narrenzunft (BNZ) als Trägerin einer schwäbisch-alemannischen «Volksfastnacht» in Freiburg gegründet. Doch dies bedeutet nicht, daß es in Freiburg keine alten Fastnachtswurzeln gäbe. Im Mittelalter und in der frühen Neuzeit gehörte das Fastnachtmachen als allgemein verbreitetes kirchliches Brauchtum auch in Freiburg selbstverständlich zum Jahreslauf. Vor der strengen, durch zahlreiche Ge- und Verbote geprägten Fastenzeit lagen die Fastnachtstage, an denen man seine Triebe noch ein letztes Mal richtig ausleben konnte.

Narr und Teufel

Die Kirche hatte also die Fastnacht in ihren Festkreis eingebaut und machte damit sicher auch vorchristliche Brauchformen, die in der Bevölkerung kaum auszurotten waren, für ihre Zwecke dienstbar. Im theologischen Sinne wurde das närrische Treiben nämlich als Spiel interpretiert, in dem eine vom Teufel regierte Welt vorgeführt werden sollte: nicht per se als Anlaß für ungezügeltes Tun, sondern als warnendes Beispiel für die Christen angesichts der Fastenzeit, die ja auf das Gedenken an Sterben und Auferstehung Christi an Ostern vorbereiten sollte. Einen alten Beleg hierfür gibt es sogar in der heutigen Freiburger Fasnet: die Narrenzunft der Fasnetrufer hatte in den 1930er Jahren den alten Taganruferspruch aus Wolfach übernommen und verkündet seither am Fasnetsmendig, daß «Im Namen des Herrn Entechrist (= Antichrist) der Narrotag erschienen ist». Älter ist die Tradition der Teufelsanrufung in Elzach. In Wolfach selbst dagegen wird der Spruch heute nicht mehr verwendet, da vor einigen Jahren ein evangelischer Pfarrer aus Unverständnis der Narrenzunft die Streichung des Antichristen nahelegte.

Auch die als Freiburger «Urnarr» geltende, nach 1500 als Wasserspeier am Münster angebrachte Skulptur verweist auf den theologischen Zusammenhang. Zunächst gehörte die Gestalt des Narren gar nicht zur Fast-

«Münsternarr» – Wasserspeier am Chor des Freiburger Münsters, nach 1500.

Narr im Initial D zum Psalm 52. Miniatur aus einem Breviar des Friedrich bei Rhein, Basel 1437/39

nacht; er taucht erstmals in Psalmenillustrationen als Gottesleugner auf (Psalm 52: «Es spricht der Narr in seinem Herzen: Es gibt keinen Gott!»). Um 1500 hatte sich in diesen Bildern die bekannte Gestalt des «Standardnarren» mit Eselsohrenkappe, Hahnenkamm und Schellen herausgebildet, wie sie auch der Münsternarr zeigt. Hinzu kam das farbig geteilte Gewand, das sogenannte «Mi-Parti», meist in gelb und rot gestaltet. In der mittelalterlichen Kunst sind dies die Farben der Huren und der Juden, in letzterem

Fall nach der zeitgenössischen Auffassung also wiederum der Gottesleugner.

Als Narren bezeichnet man seit dem Mittelalter alle, die einen geistigen oder körperlichen Defekt haben. Im Begriff des «Narrenhauses» für eine Psychiatrische Anstalt oder im «sich närrisch benehmen» wird diese alte Bedeutung noch heute offenbar. Im Schwäbischen nennt man auch verhutzelte Früchte «Narren». Ein solchermaßen Behinderter war ein «natürlicher» Narr im Gegensatz zu den «künstlichen» Narren, die ihre Narrheit nur spielten, um den Mitmenschen ein warnendes Beispiel zu geben.

In seiner «uf die fasnacht» 1494 in Basel erschienenen, berühmten Moral-

Vorrede zum «Narren Schuff» des Sebastian Brant. Basel (Joh. Bergmann von Olpe) 1499

satire «Das Narren Schyff» führt der Humanist Sebastian Brant den Menschen ihre Sünden und Unzulänglichkeiten in Gestalt eines Reigens von über 100 Narren vor. Als Sünder und Gottesleugner steht der Narr auf der Seite des Teufels und des Antichristen Damit erhielt er auch seinen Platz im Fastnachtsbrauch, der ja wie oben gezeigt spielerisch die «civitas diaboli» als teuflische Gegenwelt zur «civitas dei» – der Gesellschaft Gottes – darstellen sollte.

Als gängiges Attribut trägt der Standardnarr die «Marotte», das Narrenzepter, das mit seinem eigenen Gesicht versehen Ausdruck seiner Selbstverliebtheit ist. Dasselbe gilt für den Spiegel, in dem sich der Narr betrachtet. Nur der Weise kann im Narrenspiegel erkennen, daß sein Tun närrisch ist und es abstellen. Stehen die Eselsohren für die geistige Trägheit des Narren, so zeigt der Hahnenkamm seine ungehemmte Triebhaftigkeit. Die Schellen wiederum stehen für die Lieblosigkeit Gott, den Menschen und letztlich auch sich selbst gegenüber. Am Fastnachtssonntag wurde früher die Lesung aus dem ersten Paulusbrief an die Korinther gehalten, in der es heißt: «Und wenn ich mit Menschen- und mit Engelszungen redete, und hätte die Liebe nicht, so wäre ich ein tönendes Erz und eine klingende Schelle» (1 Kor. 13,1).

Fastnacht und Fastenzeit

Der Begriff «Fast-nacht» meint den Tag vor Beginn der Fastenzeit. Auch in regionalen Dialektprägungen wie «Fasent», «Fasnet» bis hin zu «Fasching» (von «Fast-Schank» als Hinweis auf den vor der Fastenzeit gereichten Trank), vor allem aber dem rheinischen «Fastelovend» ist diese Verbindung gegeben. Fastnacht gehörte also selbstverständlich zum Jahreslauf wie die anderen Kirchenfeste Weihnachten, Ostern oder Pfingsten.

Die erste Freiburger Erwähnung des Begriffs «Fastnacht» in einer 1283 ausgestellten Urkunde für das Kloster Adelhausen, die im Stadtarchiv aufbewahrt wird, ist noch eine reine Datumsangabe: «an deme samestage vor der altun vasenaht». Die Eingrenzung «alte» Fastnacht verweist darüber hinaus auf die Veränderung der Fastendauer, denn eigentlich wird der Beginn der Fastenzeit ja von Ostern her über die biblisch belegten 40 Tage zurückgerechnet, womit auch der Termin der Fastnacht am Montag nach dem Sonntag Invocavit festgelegt ist. Den Gläubigen fiel es sicher schwer, über 40 Tage hinweg das strenge Fastengebot einzuhalten, obwohl am Mittfastensonntag Laetare die Gebote gelockert waren, so daß es eine kurze Unterbrechung der Fastenzeit gab. Doch auch die mit der sonntäglichen Meßfeier verbundene österliche

Allun die difen brief lefint alde hœrint kunnt ich elementa hern johânefis feligin wirtinna daf ich han
gegebin die eginfchaft minef ligenden gütis ze holzehufen ze niuwerthufen ze glotra vn allus daf ich han ze vriburg
in der ftat alde anderfwa an unfe an waffere an holze alde an velde matton alde achure rebin alde bome alde
fwie es anderf heiffit vrilicho mu alleme rehte in die hant der priorin vn der famenunge der fwefteron von
adilnhufin alfo daf fi es befitzen kierliche alfe ander ir güt vn han es wider enphangen vmbe einen vergelichen
uf ein phunt wahfis ze vriburg vrowun liehtmef die wil ich lebe vn nach mime tode fol es wider an daf
clofter vallin kierliche vn vriliche Die gezüge die da warin gegenwertig fint dife herre renhart von
valkinftein herre abreht von valkinftein herre johannef der mofer herre henrich von muncingen
herre hug von muncingen herre dieterich von tufilingen herre hug von crœingen herre johânef
chücheli herre egenolf chücheli herre abreht fpozli herre rudolf der muethofe vn andere der burgere
von vriburg ein michel teil Dis befchah ze adilnhufin do von unfir herren thu xpi geburte warin
zwelf hundert iar vn driu vn ahzig iar an deme fanmftage vor der alten vafnaht daf fi nieman dar
ane befwere noch müge nach mime tode fo han ich in difen brief gegeben mit der ftat infigel ze vriburg.

A1

XVI Aᵒ

1283 März 6

Adelhausen Lade 16

Urkunde aus Adelhausen von 1283 mit Nennung der «alten vasenaht» in der vorletzten Zeile

Vorfreude widersprach dem Fasten. Deshalb nahm man ab dem 11. Jahrhundert in verschiedenen Regionen die fünf Sonntage aus den Fastentagen heraus, damit rückte der Beginn der Fastenzeit auf den Dienstag vor Invocavit. Die Fastenzeit beginnt seither am Aschermittwoch, der seinen Namen dem Aschenkreuz verdankt, mit dem nach Fastnacht ein Zeichen der Vergänglichkeit alles Irdischen gesetzt wird.

Im Verlauf der nächsten Jahre setzte sich die neue Terminierung vor allem in den Städten weitgehend durch. Im Unterschied zur nunmehr «alten» Fastnacht nannte man den neuen Termin deshalb die «Herren-», «Pfaffen-» oder einfach die «rechte (= wirkliche) Fastnacht». Manche Gebiete – oft ländliche Regionen, worauf die Bezeichnung «Bauernfastnacht» für den alten Termin verweist – übernahmen die Neuerung nicht und feierten die Fastnacht nach wie vor zum ursprünglichen Termin. Beispiele in unserer Region sind die «Buurefasnet» im Markgräfler Land und am Hochrhein oder die Basler Fasnacht, die jeweils nach dem Aschermittwoch gefeiert werden. Natürlich gab es auch Gebiete, in denen an beiden Terminen Fastnacht gehalten wurde.

Freiburger Fastnacht in der frühen Neuzeit

Für Freiburg sind seit dem 16. Jahrhundert die in anderen oberrheinischen Städten belegten Fastnachtsbräuche urkundlich überliefert – wie üblich meist in Form von Verboten, die ausgesprochen wurden, wenn der Brauch zu intensiv oder außerhalb der festgelegten Zeit ausgeübt wurde, also zum Beispiel über den Aschermittwoch hinaus. Fastnachtmachen nach Beginn der Fastenzeit wurde von kirchlicher wie weltlicher Seite streng geahndet.

Rolf Süß hat in seinem Beitrag zu Wolfgang Herterichs 1974 erschienenen Buch «Freiburger Fasnet einst und jetzt» viele Belege aus Urkunden des Stadtarchivs angeführt, die mit dem Jahr 1496 beginnen. Damals wurde «des kanzlers karreknecht» wegen eines «fasnachtsspihls», mit dem er es offenbar übertrieben hatte, in den Turm geworfen. Leider wird über die Art des Spiels nichts berichtet. Im Ratsprotokoll der Stadt ist am 19. Februar 1501 vermerkt, daß man «zu ewigen Tagen und fürohin vaßnacht uf den mentag nach der pfaffen vaßnacht suchen und halten soll». Der genannte Montag ist der Fasnetsmendig. Seine heute übliche Bezeichnung «Rosenmontag» verdankt der Tag nach neueren Erkenntnissen allerdings nicht, wie man früher glaubte, dem Verb «rasen» (= sich toll gebärden) sondern geht auf das 19. Jahrhundert zurück: Das Organisationskomitee der Kölner Karnevalsumzüge traf sich seit seiner Gründung 1824 zur Generalversammlung jeweils mitten in der Fastenzeit am Montag nach Laetare. Da der Mittfastensonntag aufgrund eines Kirchenbrauchs seit dem 11. Jahrhundert auch «Rosensonntag» hieß, nannte sich das Komitee einfach «Rosenmontagsgesellschaft». So wurde der Name des Versammlungstages nach 1830 auf den Umzug am Fastnachtsmontag und schließlich auf den Tag selbst übertragen.

Fastnachtsbräuche in Freiburg

Fastnacht machten in Freiburg alle Schichten auf ihre Art. Es gab Fastnacht in den Trinkstuben der Zünfte oder in der vornehmen Gesellschaft «Zum Gauch». Genannt werden Trinkgelage, aber auch Fastnachtstänze, so bereits 1550 ein «Schwerttanz» und 1753 sowie 1755 ein «Bändelspihl». Fastnacht machten die Handwerksgesellen ebenso wie die Studenten, später die Zöglinge im Jesuitenkolleg. Dort wird im 17. Jahrhundert von einem Fastnachtsspiel berichtet, das den «Kampf der Fastnacht mit der Fastenzeit» vorstellte, ein Motiv, das zum Beispiel in dem berühmten Bild von Pieter Breughel d. Ä. im Kunsthistorischen Museum zu Wien überliefert ist. Die Studenten richteten «Narrenkönigreiche» aus und wählten einen «Weinkönig». Unliebsame Professoren oder Bürger wurden mit «Katzenmusiken» bedacht. Häufig gab es Parodien auf kirchliche Zeremonien; so taufte 1546 ein Magister eine gebratene Gans.

Zahlreich sind die Nennungen von Heischebräuchen, bei dem kostümierte Narren – sicher auch damals schon vor allem die Kinder – um Fasnetsküchle bettelten, dazu finden sich viele Belege für Kostümierungen. Es ist in den Ratsprotokollen mehrfach von «Butzengon» (Maskenlauf) die Rede (sich «verbutzen» heißt «sich verkleiden»). In der Stadtmauer der Neuburg gab es ein «Butzentörlin». Vielleicht wurden dort Kostüme aufbewahrt, oder das Tor war Ausgangspunkt des Maskenlaufs an Fastnacht. Im 17. Jahrhundert ersetzte man den Begriff des «Butz» für das komplette Kostüm durch das italienische «Masquera» (in Villingen noch heute «Maschgere»), das sich ebenfalls auf die Verkleidung des gesamten Körpers bezog und nicht, wie das heutige Wort «Maske», nur auf die Verdeckung des Gesichtes.

Für die närrische Verkleidung der Fastnachter wurden, wie in anderen Städten, auch in Freiburg die Kostüme des österlichen Passionsspiels «ausgeliehen». In Überlingen geht die Figur des Hansel sogar nachweislich auf das

Teufelskostüm aus dem dortigen Passionsspiel zurück. Damit haben wir einen weiteren Beleg für die oben angesprochene theologische Untermauerung des Fastnachtsbrauchs als Darstellung der teuflischen Gegenwelt zum christlichen Leben, den wir sicher auch für Freiburg annehmen dürfen.

1548 verbot der Freiburger Rat das Umherziehen mit einer Egge an Fastnacht als «haidnisches Wesen» (= Treiben). Das offenbar weitverbreitete, fastnächtliche Umherziehen von Ackergerät, verbunden mit der symbolischen Aussaat von Narren, ist seit dem 15. Jahrhundert vielfach belegt und geht letztlich auf das Gleichnis vom Sämann im Matthäus-Evangelium zurück. Im Begriff des «Narrensamens» für den fastnächtlichen Nachwuchs ist diese Vorstellung bis heute lebendig. In Fridingen an der Donau wird das Pflügen und Aussäen von Narrensamen noch als Fastnachtsbrauch gepflegt. An manchen Orten säte man die Narren als Ehemänner für die unverheirateten Mädchen und die «altledigen» Frauen, die zum allgemeinen Gespött selbst vor die Egge oder den Pflug gespannt wurden. Die hierbei überlieferten Ausschreitungen haben dann vielerorts zum Verbot des Brauchs geführt. Vielleicht haben auch in Freiburg solche frauenfeindlichen Akte das Verbot bewirkt.

Ein andernorts ebenfalls gerne gepflegter Brauch war das 1539 für Freiburg belegte «Brunnentragen», bei dem ein Narr als Symbol der Fastnacht in einem Brunnen versenkt wird. Dieser Bauch wurde oft von den Junggesellen betrieben, die einen der Ihren als «Narr» auswählten und in den Brunnen warfen. Narren und Brunnen werden bis heute immer wieder in Verbindung gebracht. So holen die Narren in Endingen den Jokili am Schmutzige Dunschdig aus dem Brunnen am Marktplatz und versenken ihn am Fasnetszischdig wieder im Wasser, wo er das Jahr über auf die nächste Fastnacht wartet. Im Sinne der spätmittelalterlichen Fastnachtsidee ist der Narrenbrunnen als teuflisches Gegenstück zum Lebensbrunnen zu sehen, in dem durch das Blut Christi die Menschheit reingewaschen wird.

Immer wieder berichten die Ratsprotokolle über Ausschreitungen an Fastnacht, sogar von Toten und Verletzten bei Raufereien ist die Rede. Oft war Alkohol im Spiel, zählte doch das unmäßige Essen und Trinken zu den zentralen Elementen der Fastnacht. Fette Speisen und Fleisch, Eier und alkoholische Getränke wurden angesichts der bevorstehenden Fastenzeit in großen Mengen konsumiert. Im Volksmund erklärte man den Namen «Karneval» (eigentlich von «carne lava-

Fastnachts- und Fastenspeisen. (Schnaps, Schmalz und Eier gegen Fisch, Schnecken und ein umgestülptes Weinkrügle) Gemälde von Johann Christian Wentzinger, 1753.

re» – Aufheben des Fleisches) scherzhaft mit «Carne Vale!» (= Fleisch, leb wohl!). Fleisch ist dabei im weitesten Sinne zu verstehen und bezieht sich auch auf sexuelle Aktivitäten, die in der Fastenzeit gleichermaßen eingeschränkt wurden. Der «Schmutzige» Dunschdig verdankt seinen Namen nicht ohne Grund dem «Schmotz», das heißt dem Schmalz, in dem man die Fasnetsküchle ausbackt. Auch in anderen Sprachen verbindet man Fastnachtstage mit dem Fett, so beim «fetten Dienstag», dem «mardi gras» in Frankreich oder «martedi grasso» in Italien.

Doch wollte man sich nicht nur der Völlerei hingeben, man konnte an Fastnacht auch ganz praktisch die Vorräte derjenigen Nahrungsmittel aufbrauchen, deren Genuß in der Fastenzeit verboten oder eingeschränkt war. Der in Freiburg lehrende Volkskundler Werner Mezger, einer der derzeit renommiertesten Fastnachtsforscher im deutschen Südwesten, hat in diesem Zusammenhang darauf hingewiesen, daß im Eierverbot der Fastenzeit sogar eine Wurzel der zahlreichen Eierbräuche zu Ostern liegt: Da die Hühner trotz Fastenzeit das Eierlegen nicht einstellten, entstand ein Eierüberschuß, der zu Ostern abgebaut werden mußte.

Die Freiburger Fastnacht zwischen Fasching und Karneval

Der Fastnachts-Narr

Ich bin nicht Narr. Zu jeder Zeit
Nur wann man hält die Fastnacht? Freud.
Da laß ich meine Hümeln auß:
Die lang gesümmst im Narren hauß.
und zeig daß ich weiß jedem frey:
So groß als andre Narren seij.

«Der Fastnachts-Narr» im Gewand des Pulcinella aus Abraham a Sancta Claras «Centifolium Stultorum», Nürnberg 1709.

Im 18. Jahrhundert trafen sich die Freiburger Bürger zu Fastnachtsfesten und Bällen in den Sälen der Stadt. Begriffe wie «Maschgerade, Fasching, Redoute» tauchen auf. Noch immer gab es Einschränkungen durch die Obrigkeit, doch inzwischen hatte die Verwaltung auch die Einnahmemöglichkeiten durch Veranstaltungsgebühren und Vergnügungssteuer erkannt. Die bevorzugten Kostüme der Barockzeit waren die Verkleidungen der Commedia dell'Arte: Arlecchino, Columbina und Pantalone, die ebenfalls aus Italien stammenden Bajass und Domino, aber auch der dem Französischen entlehnte Pierrot. Im Mai 1770, beim Besuch der Dauphine Marie-Antoinette, der Braut des französischen Kronprinzen, der man als Tochter Maria Theresias in der vorderösterreichischen Hauptstadt Freiburg einen begeisterten Empfang bereitete, fand ein festlicher Umzug statt, in dem die Studenten der Universität unter anderem die Jahreszeiten darstellten. Dabei begleiteten Masken der italienischen Stegreifkomödie in der Gruppe des Winters die Fastnacht als deren «liebste Gesellen und Freunde».

Mit dem Übergang an Baden wurde das gehobene und gebildete Bürgertum zu einem wichtigen Träger der Fastnacht. Die 1807 gegründete «Museumsgesellschaft» veranstaltete ebenso Fastnachtsbälle und -unterhaltungen wie die 1834 gegründete «Bürgerliche Lesegesellschaft», die spätere «Harmonie». Letztere hatte mit der 1857 gegründeten «Narhalla» sogar eine eigene Karnevalsabteilung. Auch andere Vereine wie der Gesangverein «Concordia» – hier entstand die Ranzengarde als Parodie auf die 1848 verbotene Bürgerwehr – oder die Künstlervereinigung «Ponte Molle» traten als Veranstalter karnevalistischer Zusammenkünfte auf.

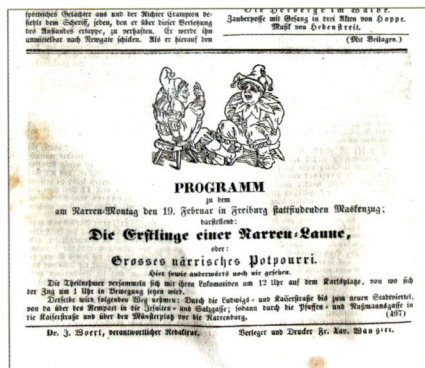

Anzeige für den ersten Freiburger Carnevalsumzug in der «Freiburger Zeitung» vom 17. Februar 1844.

o: Der Elferrat des Carnevalsvereins im Jahr 1898.
u: «Bajaccowagen» aus dem Plakat zum Umzug 1885.

Ein erster Fastnachtsumzug fand im Jahr 1844 statt. Er war von dem Freiburger Gastwirt Rehfuß organisiert worden. Zum «Narren-Montag 19. Februar» hatte er zu einem «Grossen närrischen Potpourri» unter dem Motto «Erstlinge einer Narren-Laune» eingeladen. Um die Mittagszeit sollten sich die Teilnehmer am Karlsplatz in Bewegung setzen. Nach dem Umzug zogen die zahlreichen Narren in die «Narrenburg», das somit gut gefüllte Lokal des geschäftüchtigen Gastwirts. 1845 wurde die offenbar erfolgreiche Veranstaltung wiederholt, doch nach dem Tod Rehfuß' im folgenden Jahr endeten die Umzüge.

Die organisierte Fastnacht im Carnevalsverein

Den eigentlichen Beginn einer organisieren Fastnacht markiert für Freiburg das Jahr 1882, als sich ein «Narrenrath» bildete. Ein lithographiertes Plakat dokumentiert einen Umzug für das Jahr 1885. Es ist mit «Eigentum und Verlag des Comites» unterschrieben. Auch hierbei dürfte es sich um den «Narrenrath» von 1882 handeln, aus dem dann 1888 der «Carnevalsverein» hervor-

Postkarte zum Carnevalsumzug im Jahr 1901.

Fastnachtstreiben beim Bertoldsbrunnen, Photo von Georg Röbcke 1899.

ging. Dessen Elferrat aus honorigen Bürgern organisierte für 1889 einen ersten Bürgerball. Ein Vorstandsmitglied aus dem Rheinland führte die «Kappenabende» ein, die bis heute ein wichtiges Element der Freiburger Fastnacht geblieben sind. Auf den langjährigen Präsidenten des «Carnevalsvereins» Carl Göring, genannt «Helegele», geht der um 1890 komponierte und noch heute gebräuchliche Freiburger Narrenmarsch, der «Helegele-Marsch» zurück. Seine vor einigen Jahren zufällig auf einem Flohmarkt entdeckten Insi-

gnien – Amtskette und Marotte – sind im Fasnetsmuseum ausgestellt.

Nach wie vor fand die Fastnacht weitgehend im Saale statt und wurde wesentlich von den Vereinen aus Kultur und Sport getragen. Ihnen boten die zahlreichen Freiburger Gaststätten mit Sälen und Nebenzimmern eine Heimstatt. Zum zentralen Veranstaltungsort entwickelte sich zunehmend die Kunst- und Festhalle am Stadtgarten. Neben den Bällen und Kappensitzungen im Saal gab es draußen lediglich ein der heutigen «Strooßefasnet» vergleichbares freies Treiben auf der Kaiserstraße, bei dem sich Erwachsene wie Kinder als «Bajass» mit Pluderanzug, Halskrause und Spitzhut tummelten. In Freiburg ist diese Verkleidung völlig verschwunden, in Rottweil dagegen ist sie noch heute ein beliebtes Kinderkostüm.

Deckblatt des Leporellos zum Carnevalsumzug 1901.

Für die Fastnacht 1900 veranstaltete der Carnevalsverein einen Umzug, der wegen des großen Erfolgs auch im folgenden Jahr stattfand. Fast alle Freiburger Vereine waren mit Gruppen und Wagen vertreten. Der Männergesangverein Nägelesee beteiligte sich mit zwei Wagen, auf denen Mitglieder im Matrosenkostüm unter anderem den «Walfischfang im Nägelesee» darstellten. Dies war die Geburtsstunde der heutigen Narrenzunft der Waldseematrosen. Ein weiterer Umzug fand danach bis zum Ende des Großherzogtums nicht mehr statt, der Carnevalsverein konzentrierte sich auf die Bürgerbälle und Kappensitzungen, die weniger finanzielle Risiken bargen.

Leporello 1901: «Prunkwagen des Prinzen Karneval» und Mottowagen «Abbruch des Martinsthores».

Nachkriegszeit – Verbote und «historisches Brauchtum»

Nach dem Ersten Weltkrieg sah sich die Fastnacht reichsweit großen Repressalien durch die Obrigkeit ausgesetzt. Der verlorene Krieg und die daraus resultierenden politischen, sozialen und wirtschaftlichen Probleme ließen der Obrigkeit das Fastnachtmachen als nicht mehr zeitgemäße und unnötige Verschwendung erscheinen. Beide große Kirchen unterstützten die restriktive Haltung der Politik. Erst 1921 wurde das Verbot für Kinder aufgehoben, und die Bestimmungen für «historisch gewachsenes Brauchtum» wurden gelockert. In einigen Regionen, wo seit dem 19. Jahrhundert ebenfalls karnevalistische Elemente in die bestehenden Bräuche eingegliedert worden waren, führte dies zu einer «Historisierung» der bestehenden Aktivitäten, das heißt einer Rückführung auf rein alemannische Bräuche oder sogar deren Neueinführung. 1924 wurde in Villingen als erster der großen Narrenverbände die heutige «Vereinigung Schwäbisch-Alemannischer Narrenzünfte» gegründet.

Für den 28. Januar 1928, am Wochenende vor der Fastnacht, hatte der Landesverein «Badische Heimat» ein «Oberdeutsches Narrentreffen» organisiert, an dem mehrere Mitgliedszünfte der «Vereinigung badischer und

Plakat zum «Oberdeutschen Narrentreffen» in Freiburg am 28.2.1928. Entwurf: Erwin Krumm, Elzach

württembergischer althistorischer Narrenzünfte» teilnahmen. Über 200 Hästräger aus Elzach, Rottweil, Stokkach, Überlingen und Villingen nahmen teil. Der Aufmarsch der Zünfte mit Vorführung alter Fastnachtsbräuche und Narrenmärsche fand als geschlossene Saalveranstaltung in der «Kunst- und Festhalle» statt. Ein Vortrag über

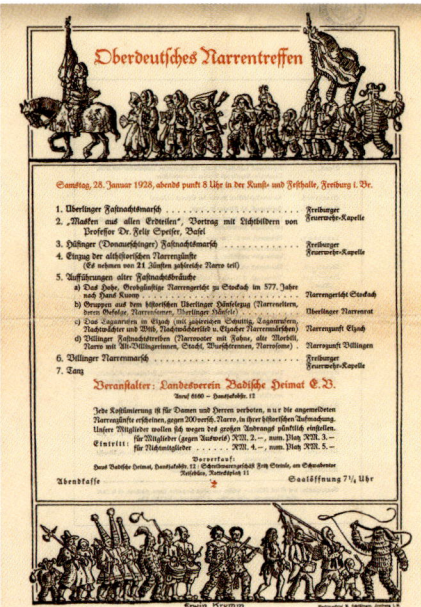

Programm des «Oberdeutschen Narrentreffens» in Freiburg 1928. Entwurf: Erwin Krumm, Elzach.

«Masken aus allen Erdteilen», den der Basler Volkskundler Felix Speiser hielt, bildete den Auftakt. Der Abend klang mit Tanz zur Musik der Freiburger Feuerwehr-Kapelle aus. Die Kostümierung des Publikums war bezeichnenderweise verboten! Die Freiburger Veranstaltung war das erste Treffen dieser Art, dem schon im nächsten Jahr ein von der Vereinigung selbst ausgerichtetes Narrentreffen in Villingen folgte.

In Freiburg selbst hatte das organisierte Gastspiel der «alemannischen Volksfastnacht» zunächst keine Folgen; man hielt am überkommenen Karneval fest und rief 1927 die «Große Freiburger Karnevalsgesellschaft» ins Leben, die sich, wie zuvor der – noch immer existierende – Carnevalsverein, um die Organisation von Umzügen, Kappensitzungen und Tanzabenden kümmern sollte. Einer der führenden Köpfe war der Freiburger Verkehrsdirektor Franz Dufner, denn die Fastnacht sollte auch den Tourismus ankurbeln. Dem Elferrat gehörten wie beim Carnevalsverein honorige Freiburger Persönlichkeiten aus dem gehobenen Bürgertum an, wie der Verleger Adolf Poppen, die Ärzte Oskar Meroth und Hans Pollock oder die Geschäftsleute Bohny und Glockner. 1928 konnte ein wiederum sehr erfolgreicher Umzug mit etwa 75 Gruppen und insgesamt 1800 Aktiven und 100 Reitern organisiert werden. Den Löwenanteil der Teilnehmer stellten wiederum die Freiburger Vereine. Leider ist der bei diesem Umzug gedrehte Film, der in den folgenden Wochen mehrfach in Freiburger Kinos gezeigt wurde, verschollen.

Der Karnevalsgesellschaft sollte trotz der anfänglichen Erfolge kein langes Leben beschieden sein. Ein großangelegtes Fastnachtsspiel, der «Sturm auf die Bobbelesburg», im eiskalten Winter 1929 sollte an den Erfolg des Umzugs vom Vorjahr anknüpfen, wurde aber mangels verkaufter Eintrittskarten zum finanziellen Desaster, von dem sich die Karnevalisten nicht wieder erholten.

Vom Karneval zur «alemannischen Volksfasnacht» – Die Gründung der «Breisgauer Narrenzunft»

Zu Beginn der 1930er Jahre galten noch immer die Beschränkungen öffentlichen Fastnachtstreibens, von denen nach wie vor lediglich «historische» Zünfte ausgenommen waren. So suchte man nun auch in Freiburg nach einer stärkeren Verankerung der hiesigen Fastnacht im – hier niemals heimischen – alemannischen Brauchtum und versuchte, den finanziellen Zusammenbruch der Karnevalsgesellschaft als Chance für einen Neubeginn zu nutzen. Die Freiburger Fastnacht sollte auf eine breitere Basis gestellt und in eine von der Obrigkeit akzeptierte Form gebracht werden. Am 13. April 1934 wurde deshalb die «Breisgauer Narrenzunft» (BNZ) gegründet. Als offizielle Nachfolgeorganisation der beiden älteren Vorgänger wollte sie die Freiburger Fastnacht als brauchtumsorientierte alemannische Fasnet organisieren. Dabei wurden durchaus karnevalistische Elemente übernommen: an der Spitze der BNZ stand nach wie vor ein Elferrat, und der Rosenmontagsumzug oder die Kappensitzungen spielten auch weiterhin eine wichtige Rolle.

Der Wandel vom Karneval zur Fasnet in Freiburg vollzog sich auf dem Boden der seit 1933 herrschenden Ideologie, wobei man die Entwicklung nicht als direkte Folge der politischen Wende zum Nationalsozialismus ansehen darf. Sie setzte schon wesentlich früher ein und ist auch eine Folge der Einschränkungen nach dem Ersten Weltkrieg. In seiner unter dem Titel «Helau und Heil Hitler» 1989 veröffentlichten Dissertation zeigt der Volkskundler Berthold Hamelmann, daß der Trend zur «Alemannischen Volksfasnacht» nicht nur in Freiburg schon lange «in der Luft lag». Die volkskundliche Forschung hatte sich seit den 1920er Jahren verstärkt der Fastnacht angenommen. Über Freiburg hinaus bekannt wurden die Publikationen des Freiburger Regionalhistorikers und langjährigen Geschäftsführers des Landesvereins «Badische Heimat» Hermann Eris Busse (1891–1947), der die alemannische Fastnacht ganz losgelöst von den christlich-katholischen Wurzeln als uralt-germanischen Ritus betrachtete. Konsequent verzichtet er in seinen späteren Schriften bei der Nennung der Fastnacht auf den Buchstaben «t», negiert somit die Verbindung zur Fastenzeit und leitet das Wort «Fasnacht» von dem germanischen Wort «faseln» = «fruchtbar sein» ab. Damit wollte er das Brauchtum als Frühlings- und Fruchtbarkeitsritual darstellen. Busses Interpretation der Fas(t)nacht als einen heidnischen Ritus aus germanischen Zeiten kam der nationalsozistischen Lehre entgegen. Die von Hermann Eris Busse im Rahmen des Landesvereins «Badische Heimat» herausgegebenen oder selbst verfaßten Schriften zur Fas(t)nacht wirkten lange nach. Noch in den 1980er Jahren wurde ohne kritische Distanz aus Busses Arbeiten zitiert, wenn es um die Ursprünge der Fastnacht ging, obwohl selbst beim oberflächlichen Lesen seiner Schriften Busses Nähe zur völkischen Ideologie deutlich ins Auge fällt.

Innerhalb der Freiburger Fastnachtsvereinigungen breitete sich nun zunehmend Antisemitismus aus, und es kam zum Ausschluß jüdischer Mitglieder. So wurde – um nur eines von mehreren Schicksalen zu nennen – dem angesehenen Arzt Hans Pollock, der als Mitglied der Concordia zu den führenden Aktiven der Karnevalsgesellschaft gehört hatte, mit Hinweis auf den Arierparagraphen schon im Dezember 1933, also noch vor der Gründung der BNZ, die weitere Mitgliedschaft verwehrt. Die Aufnahmebedingungen der BNZ selbst ließen von Anbeginn nur «arische Volksgenossen» als Mitglieder zu.

Seit ihrer Gründung hatte sich die BNZ um eine Aufnahme in die «Vereinigung Schwäbisch-Alemannischer Narrenzünfte» (VSAN) bemüht und stellte über Oberzunftmeister Harry Schäfer und Narrenvogt Willy Jäger im Mai 1935 den Aufnahmeantrag. Der Verband hielt die Freiburger hin und entschied schließlich im November 1938, daß die BNZ zwar aufgenommen, jedoch zur großen Enttäuschung der Freiburger Fastnachter in die Gruppe der Zünfte «ohne historischen Untergrund» eingestuft wurde. Die Verhandlungen zur Verbesserung des Status der BNZ zogen sich hin, hinzu kamen unterschiedliche Auffassungen über den 1937 in München gegründeten «Bund Deutscher Karneval» (BDK). Während der VSAN dieser parteinahen, primär zur reichsweiten Kontrolle der fastnächtlichen Aktivitäten gegründeten Organisation distanziert gegenüberstand, sprachen sich die Freiburger Narrenfunktionäre für die Unterstützung des BDK aus und beteiligten sich aktiv an der Gründung. Als schließlich im Frühjahr 1937 auch der Breisacher Gauklerzunft vom VSAN die Anerkennung als «historisch» verweigert wurde, rief Harry Schäfer – in Personalunion Breisacher und Freiburger Zunftmeister – zur Gründung eines eigenen Verbandes auf, der dann am 7. März 1937 in Freiburg als «Verband Oberrheinischer Narrenzünfte» ins Leben gerufen wurde. Er ist heute neben dem VSAN der größte Narrenverband im Südwesten. Die BNZ gehörte ihm von Anbeginn als einziger auf eine Stadt begrenzter Narrenverbund (Vogtei) an.

Die Anfänge der «Freiburger Fasnet» – Taganrufer und Flecklehäs

Zur zentralen Figur der Fasnet wurde in der BNZ eine alemannische Narrenfigur mit Häs und Holzmaske: Am 17. November 1934 wurde das «Flecklehäs» vorgestellt und am Rosenmontag, dem 4. März 1935 zog eine erste Gruppe von sieben noch maskenlosen Hästrägern als «Taganrufer» durch die Stadt. Das Häs mit seinen auf einen «blauen Toni» aufgenähten, aus alten Kleidern und Stoffresten ausgeschnittenen herzförmigen «Fleckle» entspricht alemannischer Tradition. Angeblich sollte es auf ein altes Fastnachtsgewand zurückgehen, das man auf einem Speicher in der Altstadt gefunden hatte. Der an sich auf alle Häser dieses Typs bezogene Name «Flecklehäs» wird in Freiburg bis heute als Übername für die «Fasnetrufer» verwendet. Erst 1936 wurde das Flecklehäs der Fasnetrufer durch eine Lindenholzmaske ergänzt, die der akademische Bildhauer Franz Spiegelhalter entwarf und schnitzte. Spiegelhalter wurde auch der Schöpfer weiterer Freiburger Masken wie der «Blaue Narre» und der «Herdermer Lalli», die ebenfalls zu den ältesten Gruppierungen der Freiburger Fasnet zählen.

Im Rückgriff auf die seit dem 19. Jahrhundert etablierte Struktur der Ver-

Taganruferspruch aus dem Chronikbuch der Fasnetrufer. Franz Deufel, 1938.

einsfastnachten sollte nun in jedem Stadtteil ein «Narrennest» mit eigener Ausprägung entstehen. Man rief die Fastnachtsabteilungen der Vereine, Stammtische und sonstige gesellige Gruppierungen zum Mitmachen auf. Auch länger bestehende Gruppen wie die «Waldseematrosen» aus dem Männergesangverein Nägelesee, die schon

o: *Zunftmeister Friedrich Roth, Marschall Willy Jäger und Fasnetrufervogt August Fritz überreichen das große Narrenfell der BNZ an OB Franz Kerber, Rosenmontag 1939.*
u: *Das Buch zum Narrenfell, Franz Deufel 1939.*

1901 am Umzug teilgenommen hatten, bildeten nun eine Narrenzunft unter dem Dach der BNZ. Bei der Benennung der Funktionen griff man auf das Ge-

meinwesen des Mittelalters zurück: Die einzelnen Narrennester heißen «Zünfte», jeweils geführt vom «Zunft-vogt». An der Spitze der BNZ steht der «Oberzunftmeister» unterstützt vom «Seneschall» oder «Zunftkanzler» (Schriftführer). Für die Finanzen ist der «Säckelmeister» zuständig, die Zunft-leitungen vertritt der «Obristzunft-vogt».

Bis 1939 war bereits ein gutes Dut-zend Narrenzünfte unter dem Dach der BNZ vereinigt, und es gab jedes Jahr unzählige Veranstaltungen in den Stadtteilen, einen gemeinsamen Nar-renappell auf dem Rathausplatz, da-nach den Rosenmontagsumzug, Bür-gerbälle und Kappenabende.

Neuaufbau nach 1945

Die Fasnet 1939 war die letzte vor dem Krieg, der allen «närrischen» Aktivitäten ein Ende setzte. In der unmittelbaren Nachkriegszeit hatten die Menschen andere Probleme und anderes im Kopf, als Fastnacht zu machen. In der durch Bomben zerstörten Stadt, die vor allem am 27. November 1944 stark heimgesucht worden war, waren zahlreiche Tote zu beklagen, es herrschte ein Mangel an Wohnungen und zeitweise schlimme Hungersnot. Angesichts der Umstände mag es erstaunen, daß sich bereits wenige Monate nach dem Krieg ein blühendes Kulturleben mit Konzerten, Vorträgen und Ausstellungen neu entwickelte. Ebenso regten sich bald wieder erste fastnächtliche Aktivitäten, und vor allem die Kinder zogen verkleidet umher und riefen «Gizig, gizig ...». Zunächst bestanden allerdings ähnliche Einschränkungen wie nach dem Ersten Weltkrieg. Erst 1947 erlaubte die französische Militärregierung Fastnachtstreiben in der Öffentlichkeit, und am Rosenmontag 1949 konnten die Narren erstmals wieder mit einem Narrenappell vor dem Rathaus erscheinen.

Die Vorkriegszünfte wurden neu begründet, und seit den 1950er Jahren sind zahlreiche neue Narrennester hinzugekommen, so daß die BNZ bis heute auf 36 Narrennester, Zünfte und Untergliederungen angewachsen ist. Auch in den modernen Stadtteilen wie Landwasser oder in den neu eingemeindeten Ortschaften wie Hochdorf, Lehen, Munzingen oder Tiengen wurden neue Gruppen gegründet, die Aufnahme in die BNZ fanden.

Die Grundstruktur der BNZ entspricht weitgehend jener der Vorkriegszeit, ist aber in den letzten Jahren angepaßt und modernisiert worden. Der Elferrat ist heute nicht mehr identisch mit der Vereinsführung, sondern bildet lediglich als reines Repräsentationsorgan eine der Untergliederungen der BNZ. Die traditionellen Kappensitzungen und die Ratssuppe am Rosenmontag, die nach einem Intermezzo im Konzerthaus derzeit wieder in den angestammten Kolpingsaal zurückgekehrt sind, sowie der große Rosenmontagsumzug mit – in den letzten Jahren leider seltener gewordenen – Mottowagen sind zentrale Veranstaltungen geblieben. In den einzelnen Narrenzünften spielt die Saalfastnacht mit Tanz und humoristischem Beiprogramm weiterhin eine wichtige Rolle.

Mancher Brauch wurde allerdings gewandelt oder neu vorgestellt: Schon im Jahr 1956 führten die Fasnetrufer das Scheibenschlagen am Sonntag Invocavit (1. Fastensonntag nach Aschermittwoch) wieder ein. Im Jahr 1975 wurde – ebenfalls auf Initiative der Fas-

OB Wolfgang Hoffmann und Lalli-Zunftvogt Ernst Scheu beim Narrenapell am Rosenmontag 1954.

netrufer – der in Freiburg bis dahin übliche karnevalistische Narrenruf «Helau» durch das alemannische «Narri-Narro» ersetzt. Seit dem Stadtjubiläum 1970 stellen die Fasnetrufer am Schmutzige Dunschdig einen Narrenbaum vor das Rathaus. Der «Narrenappell» mit der Entmachtung des Oberbürgermeisters ist 1983 vom den Rosenmontag auf den für die alemannische Fastnacht traditionelleren Schmutzige Dunschdig verlegt worden. Ein ebenfalls erst wenige Jahrzehnte altes Novum ist die Strooßefasnet am Fasnetssundig, bei der sich die Narren in Häs zeigen, aber auch zunehmend die nicht närrisch organisierte Bürgerschaft in allerlei Verkleidungen auftritt.

In der heutigen Form stellt die Freiburger Fasnet also eine durchaus gelungene Mischung aus der karnevalistischen Tradition, der Vereinsfastnacht im 19. Jahrhundert und der vor genau sieben Jahrzehnten «importierten» alemannischen Fasnet dar, wobei letztere heute deutlich dominiert.

Die Zünfte, Corps und Narrennester in der Breisgauer Narrenzunft

Damen- und Herrenelferrat

Ranzengarde-Concordia

Reitercorps

Fasnetrufer

Herdermer Lalli

Blaue Narre

Oberwiehremer Kindsköpf

Ammonshörner, Lehen

Bächleputzer

Günterstäler Bohrer

Haslacher Dickköpf

Feuer-Narre

Friburger Bobbili

Friburger Hexen

Freiburger Fuhrleute

Gigili-Geister, Munzingen

Friburger Glunki

Unterwiehremer Käsrieber

Miau-Zunft

Mooskrotten, Hochdorf

Mooswaldwiibli, Landwasser

Münsterstadt-Narre

St. Georgener Rebläuse

Ribblinghieler

Scherbenzunft

Schloßberggeister

Schnogedätscher, Freiburg-Mooswald

Sioux-West

Schwarzwälder Tannenzapfen

Tiengener Erdmännle

Turmsträßlerinnen

Waldseematrosen

Freiburger Westhansele

Wetterhexen

Wühlmäuse Littenweiler

Zähringer Burgnarren

«Elf ist der Narren Zahl …»

An der Spitze der Freiburger Fasnet steht seit 125 Jahren der Elferrat

Der Elferrat bei der Kappensitzung 1990 mit Oberzunftmeister Roland Schneble.

In der Fastnacht als ursprünglich kirchlich geprägtem Fest steht die Zahl Elf für die Übertretung der zehn Gebote oder für die reduzierte Schar der Apostel nach dem Verrat durch Judas. Sie ist damit Symbol der Unzulänglichkeit, der Narrheit und Gottesferne, die im Fastnachtsspiel mit den Narren als Teufelsbegleitern sichtbar vor Augen geführt wird. So bringt man auch gerne den 11.11., gleichzeitig das Martinifest, mit der Fastnacht in Verbindung und läßt Veranstaltungen um 11 Uhr 11 beginnen. Während die süddeutschen Narrenverbände den 11.11. als Fastnachtsbeginn in Abgrenzung vom Rheinischen Karneval eher ablehnen, hat sich der Termin in Städten wie Freiburg und Konstanz, wo die alemannische Fasnet aus karnevalistischen Wurzeln hervorging, bis heute erhalten. Der Ursprung der «Elferräte» ist im Kölner und Aachener Karneval zu sehen, wo diese sich im Lauf des 19. Jahrhunderts herausbildeten.

Der Elferrat der BNZ gehört zu den ältesten Gruppierungen der Freiburger Fasnet. Vorläufer waren die Festkomitees in den Vereinen, die sich wie im Fall der «Narhalla» in der Lesegesellschaft «Harmonie» zur Organisation von Veranstaltungen bildeten. 1882 formierte sich ein vereinsübergreifender «Narrenrath», aus dem dann 1888 der Elferrat des «Freiburger Carnevalsvereins» hervorging. Er sollte als übergeordnete Instanz neben der in den zahlreichen Freiburger Vereinen gepflegten Fastnacht zentrale Veranstaltungen in der Kunst- und Festhalle oder große Umzüge organisieren. Die «Große Karnevalsgesellschaft von 1927» hatte ebenso einen Elferrat als Führungsgremium wie die 1934 gegründete BNZ, der honorige Bürger wie Adolf Poppen, Harry Schäfer, Paul Danz, Franz Dufner und Willy Jäger, die «Väter» der Freiburger Fasnet, angehörten.

Die Elferräte trugen früher zur traditionellen «Gockelmütze» über schwarzem Anzug einen hermelingesäumten roten Mantel. Inzwischen tritt die Gruppe im roten Smoking mit schwarzer Hose auf. Grüne Samtmäntel trugen die Damenelferinnen, die schon 1935 unter der Leitung ihrer Präsidentin Trudel Fischer erstmals auftraten. Sie waren die Veranstalterinnen der Kinderbälle und vor allem des traditionellen Freiburger Frauenrechts am Aschermittwoch, das sich unter der langjährigen Präsidentin und Stadträtin Edith Goldschagg zu einem gesellschaftlichen Ereignis ersten Ranges entwickelt hatte. In den 1990er Jahren wurde der Damenelferrat aufgelöst, da

Der neu gegründete Damenelferrat bei seiner Premiere am 11.11. 2005.

interessierter Nachwuchs fehlte. 2004 fand sich aber wieder eine Truppe fastnachtbegeisterter Frauen zusammen und suchte den Kontakt zur BNZ, die sie in der Frage des Kostüms und der Organisation beriet. Am 11.11.2005 traten die neuen Damenelferinnen erstmals in Erscheinung.

Der Herrenelferrat war bis in die 1980er Jahre identisch mit der Geschäftsführung der BNZ, hatte im jeweiligen Oberzunftmeister seinen Vorsitzenden und bestand weitgehend aus aktiven Hästrägern, nach wie vor aber auch aus Persönlichkeiten des öffentlichen Lebens, der Wirtschaft, Kultur und Politik, darunter mehrere Bürgermeister der Stadt. Inzwischen sind BNZ-Vorstand und Elferrat getrennt,

und seine Mitglieder erfüllen vor allem repräsentative Aufgaben wie den Vorsitz bei den Kappensitzungen sowie die Vertretung der Freiburger Fasnet bei Veranstaltungen, etwa beim «Carnaval» in Freiburgs Partnerstadt Besançon, zu der der Elferrat seit vielen Jahren intensive Beziehungen pflegt. Beim Fastnachtmontagsumzug fährt der Elferrat in einem eigenen Wagen mit, der von den Fasnetrufern begleitet wird.

Aus kriegerischem Ernst wird närrischer Spaß

Die «Ranzengarde-Concordia» und das «Reitercorps»

Appell der «Ranzengarde» 1986 (noch in rot/weiß) vor dem Historischen Kaufhaus.

Wenn sich am Fasnetsmendig der große Narrenumzug durch die Freiburger Innenstadt in Bewegung setzt, sind an der Spitze zwei militärische Formationen zu sehen, die mit ihren schmucken historischen Uniformen, ihren Pferden wie auch dem «klingenden Spiel» des Spielmannszuges, der in exaktem Gleichschritt vorbeimarschiert, für viel Begeisterung sorgen. Es sind die beiden in der BNZ organisierten Gruppen der «Ranzengarde» und des «Reitercorps», die beide auf das Bürgermilitär des späten 18. Jahrhunderts

zurückgehen. Sie zählen zu den ältesten in der Fastnacht aktiven Gruppierungen in Freiburg.

Im Jahr 1793 war das Freiburger «Freiwillige Bürger-Ehrencorps» angesichts der drohenden Invasion durch die revolutionäre französische Armee zur Verteidigung der Stadt und des Breisgaus gegründet worden und hatte sich in den Kämpfen durch seine Tapferkeit ausgezeichnet. Es bestand aus fast 400 Mann und setzte sich aus Bürgern und Studenten zusammen. Nach dem Übergang Freiburgs an Baden

1806 hatte das Corps keine Kämpfe mehr zu bestehen. Die «Feierabendsoldaten» mit Infanterie, Artillerie und Kavallerie rekrutierten sich nun vor allem aus dem gehobenen Bürgertum und übernahmen repräsentative Aufgaben, wie die Ehrenwache bei Besuchen der Landesherrschaft. Salut wurde mit vier Kanonen geschossen, die von den Großherzögen Karl Friedrich und Leopold spendiert worden waren. Es gab sogar eine eigene Militärkapelle, die «Türkische Musik». 1836 bildete sich aus den Reihen der Miliz das «Pompier-Corps», das die Brandbekämpfung, zuvor eine Aufgabe der Zünfte, übernahm. Nach dem Scheitern der 1848er-Revolution wurden die Bürgermilitärcorps in ganz Baden aufgelöst. Das «Pompier-Corps» bestand in der 1850/51 gegründeten Freiwilligen Feuerwehr fort, und Veteranen des Ehrencorps gründeten 1854 den Männergesangverein «Concordia».

Vier Jahre später traten die Sänger mit der «Ranzengarde Concordia» an die Öffentlichkeit, die zwar die alten Uniformen des noch immer verbotenen Bürger-Ehrencorps trug, sich aber von Anfang an als Militärparodie verstand und den Kontakt zur Fastnacht suchte. Vor allem nach der Gründung des Carnevalsvereins 1888 entfalteten die Ranzengardisten umfangreiche Aktivitäten, beteiligten sich an allen Um-

zügen und sonstigen fastnächtlichen Veranstaltungen und waren selbstverständlich mit dabei, als 1934 die BNZ gegründet wurde.

Der Ausbruch des Zweiten Weltkrieges brachte auch für die pseudo-militärischen Gruppen das jähe Ende. Viele Uniformen wanderten in die «Spinnstoff-Sammlung» oder verbrannten beim Bombenangriff auf Freiburg. Doch als sich 1949 vom Mösleparkaus der erste bescheidene Narrenumzug in die Innenstadt auf den Weg machte, trat auch die «Ranzengarde» wieder auf – «bewaffnet» mit Regenschirmen, denn das Tragen von Waffen, selbst von Holzgewehren war ja verboten! Viele tüchtige Feldobristen (Helmut Renz, Albert Gaus, Leo Mutzbauer, Werner Müller, Elmar Zürcher, Heinz Fehrenbach) befehligten in den letzten 50 Jahren das närrische Bürgercorps und sorgten für einen stetigen Aufwärtstrend.

Die Uniformen zeigten zunächst die Stadtfarben weiß-rot, 1990 wurden nach dem historischen Vorbild der Miliz-uniformen von 1810 die heutigen grünen Uniformkittel mit roten Applikationen und weißen Hosen angeschafft. Dazu gehört als Kopfbedeckung ein schwarzer Tschako mit rot-weißer Kokarde und silbernem Stern mit Stadtwappen. Die Marketenderinnen tragen ein Schiffchen und zum Uniformkittel

Das «Reitercorps» mit Standarte beim Narrenappell vor dem Alten Rathaus.

einen blaugrauen Rock mit weißer Schürze. Einige ehemalige Marketenderinnen begleiten die Truppe als «Biedermeierdamen». Die 1980 neu gegründete Artillerie-Abteilung trägt zum grünen Uniformkittel graue Hosen und fertigte in Handarbeit eine eigene, 20 Zentner schwere Kanone, die seit der Fasnet 1981 mit schweren Böllern alljährlich das Rathaus «sturmreif» schießt und auf den stolzen Namen «Tolle Erna» getauft wurde.

Neben Infanterie, Artillerie und Marketenderei mit Feldküche ist der Spielmannszug ein Kernstück der «Ranzengarde». Von Arndt Gaus und Hermann Knupfer ins Leben gerufen und später durch einen Fanfarenzug

ergänzt, wirkte er erstmals an der Fasnet 1950 mit. 1954 ließ die BNZ eine ganze Kapelle als «Musikzug der Ranzengarde» einkleiden, die 1963 als «Volksmusikverein» ins Vereinsregister eingetragen wurde und viele Jahre unter der Leitung von Karl Späth stand. Ein Jugendspielmannszug wurde 1966 gebildet. Unter dem derzeitigen langjährigen Zugführer Werner Hederer, der seit 2001 auch die gesamte «Ranzengarde» als Feldobrist befehligt, erlebte der Spielmannszug seine größte Blütezeit. Auch als «Ratspfeifer» in einer eigens in den Stadtfarben rot-weiß entworfenen Landsknechtuniform haben die Fanfarenbläser und Tambouren der «Raga» bei Auftritten und Umzugsbeteiligungen in Freiburg, vor allem aber in den Partnerstädten schon viel Beifall erhalten.

Bereits 1929 beteiligte sich der Freiburger Reit- und Fahrverein mit geliehenen Uniformen am Sturm auf die Bobbelesburg. Nach der Gründung der BNZ wurde diese Reitergruppe 1935 zur «Bürgercavallerie» ausgebaut und trägt seither die historischen Uniformen des Freiburger Bürgermilitärs mit ihren Reiterhelmen. Vor allem Otto Fischer als erster Feldobrist und Willy Jäger als damaliger Narrenvogt engagierten sich für den Aufbau. Auch das «Reitercorps» verlor im Zweiten Weltkrieg viele Mitglieder, die als Soldaten fielen oder von Bomben getötet wurden.

Es waren vor allem die Feldobristen Engelbert Hölz und Willy Jäger jun., die den Wiederaufbau der närrischen Kavallerie vorantrieben. Die schwierige Wiederbeschaffung der Uniformen und Ausstattungsstücke war 1956 abgeschlossen. Zur neuen schwarz-roten Uniform wird ein Reiterhelm mit hohem, roßhaarbesetztem Kamm getragen. Während sich die Aktiven des Corps früher auch unterm Jahr zu gemeinsamen Ausritten und Fuchsjagden trafen, sind die derzeitigen Reiterinnen und Reiter heute meist nur während der Fastnachtstage zusammen. Die Zahl der Pferdebesitzer in Freiburg hat abgenommen und so rekrutiert der jetzige

Mit «klingendem Spiel» bereichert der Spielmannszug der «Ranzengarde» den Umzug.

Feldobrist Wolfram von Gehr alljährlich Reiter aus dem Umland, insbesondere aus Eichstetten und Bötzingen. Zum Umzug kommt so eine Truppe von zehn bis fünfzehn Berittenen zusammen, mit Pferden, die sich auch durch fastnächtlichen Lärm und Musik nicht aus der Ruhe bringen lassen.

Ein Teil der «Ranzengarde Concordia» spaltete sich 1953/54 ab, um abseits der Fasnet die militärische Tradition als «Historische Freiburger Bürgerwehr» zu pflegen. Inzwischen vertreten Ranzengarde und Reitercorps selbst als «Freiburger Bürger-Ehrencorps von 1793» auch unterm Jahr bei historischen Umzügen die gemeinsame Tradition. Eine Gruppe widmet sich seit 1994 ganz der Napoleonischen Zeit und nimmt an entsprechenden Veranstaltungen im In- und Ausland teil.

«Erznarren Nr. 1»
Die «Fasnetrufer» heißen im Volksmund «Flecklehäs»

Auftritt der «Fasnetrufer» im Jahre 1937.

Wichtigstes Ziel bei der Gründung der «Breisgauer Narrenzunft» (BNZ), die 1934 die Nachfolge des «Freiburger Carnevalsvereins» von 1888 und der «Großen Karnevalsgesellschaft» von 1927 antreten wollte, war die Einführung der «Alemannischen Volksfastnacht». Als einer der ersten Schritte sollte ein eigener repräsentativer Narrentyp für Freiburg geschaffen werden. In Anlehnung an den Elzacher Brauch des Taganrufens sollte der «Taganrufer» (später «Fasnetrufer») am Rosenmontag die Fasnet verkünden. Vor der Fasnet stellte BNZ-Vorstandsmitglied und Zunftgründer Willy Jäger am 17.11.1934 das erste Häs vor, 1935

nahm die erste kleine Gruppe «Taganrufer» am Rathaussturm teil. Heute gehören die «Flecklehäs», wie sie im Volksmund liebevoll genannt werden, zu den bekanntesten Narrenfiguren in der Breisgaumetropole.

Die «Fasnetrufer» tragen in der Tat ein Flecklehäs, benäht mit bis zu 3500 bunten Fleckle, also Filzstücken, die herzförmig ausgestanzt sind. Auf einem breiten Ledergürtel in den Stadtfarben Rot-Weiß ist das Stadtsiegel von Freiburg angebracht. Bis in die 1970er Jahre war darunter der ursprüngliche Freiburger Narrenruf «Helau» zu lesen, der inzwischen vom alemannischen «Narri-Narro» abgelöst wurde. Die Holzmaske, die ein lachendes Männergesicht mit einem stilisierten Haarkranz zeigt, wurde erst 1936 von dem Freiburger akademischen Bildhauer Franz Spiegelhalter geschaffen, der bis 1939 alle Masken schnitzte. Der heutige übliche Typus geht auf den Breisacher Schnitzer Josef Dockweiler zurück, der den eher rundlichen Spiegelhalter-Entwurf straffte und stärker stilisierte. Die Maske ist im Holzton lasiert, der Haarkranz ist vergoldet.

Als Lärmwerkzeug benutzen die «Fasnetrufer» große hölzerne Rätschen, wie sie in Weinbaugegenden zum Vertreiben der gefräßigen Vögel üblich sind. Der Zunft obliegt die offizielle Fasneteröffnung der BNZ vier Wochen vor dem «Schmutzige Dunschdig», an dem sie den Narrenbaum auf dem Rathausplatz aufstellen. 1957 haben sie den alten Brauch des «Schiibeschlage» für Freiburg wieder belebt: Am Wochenende nach der Fasnet (Burefasnet) schleudern die Zünftler mit zünftigen Sprüchen vom Hirzberghang ihre glühenden Buchenholzscheiben ins Dreisamtal hinunter.

Die «Fasnetrufer» sind eine reine Männerzunft. Sie sind vor allem durch die Auftritte ihrer zahlreichen Humoristen bekannt, die jedes Jahr neben einem eigenen Zunftabend beim Programm der Kappensitzungen, beim Rathaussturm und bei der Ratssuppe mitwirken sowie in einigen Lokalen zum «Schnurren» unterwegs sind. Solisten und Texter wie Hansjörg und Markus Weber, Herbert Walter, Ronald Binder, Jodele & Mecki (Alfred Kalchthaler und Rudi Ganter), Hebi und Winzig (Herbert Sailer und Rainer Markart) oder die «Hackepeter» (Jürgen Hack und Peter Kalchthaler) sind und waren Garanten für närrische Laune und Unterhaltung. Am Zunftabend wird die katzenschwanzgezierte Narrenkappe der Zunft an Freunde und Gönner und seit 1975 alljährlich auch als besondere Ehrenmütze an Persönlichkeiten des öf-

Mit ihren Rätschen verbreiten die Fasnetrufer einen gewaltigen Lärm.

fentlichen Lebens, der Politik, Wirtschaft oder Kultur verliehen.

«Erznarren Nr. 2»
Die «Herdermer Lalli» bestehen am längsten

Urig, burig geht es bei den «Herdermer Lalli» an der Fasnet zu.

Fasnet in Herdern hat schon eine über hundertjährige Tradition, was schriftlich überlieferte «Theaterstückle» um die beiden Herdermer Weinbauern Urbe un Remigi (Urban und Remigius) belegen. So verwundert es auch nicht, daß sich schon vor der Gründung der BNZ im alten Winzerdorf Herdern eine Männergruppe unter der Führung von Ernst Scheu zusammenfand, die erstmals an der Fasnet 1930 im urigen Burehäs als «Lalli vu Herdere» auf die Straße ging.

Wegen «Lächerlichmachung des Bauernstandes» mußten sie 1934 nach einer Eingabe des Ortsbauernführers unter Androhung von Schutzhaft ihr Aussehen verändern. So legten sie sich ein Häs aus schwarzer Hose und ein schellenbesetztes «Schilee» zu. Dazu kommen noch ein rotes Hemd und Holzschuhe. Das rote Halstuch ist mit einem silbernen Hufeisen verziert. Deutlich sichtbar wird auch ein großer Fuchsschwanz als Narrenzeichen an der Schulter getragen. Da man im alemannischen Sprachgebrauch einen Menschen, der seine Zunge (Lälli) nicht im Zaum halten kann, auch als «Lalli» bezeichnet, schuf der neben Ernst Scheu und anderen an der Gestaltung des Häs beteiligte Bildhauer Franz Spiegelhalter für die Herdermer Narren eine zeittypische Männermaske mit lang heraushängender Zunge und stilisierter Haartracht mit Backenbart, Stirnlocke und buschigen Augenbrauen. Als Kopfbedeckung wird eine schwarze Zipfelmütze mit roter Quaste getragen. Mit ihren Kuhglocken veranstalten die Lalli einen gewaltigen Lärm, der sich wie ein Almabtrieb anhört.

Die «Lalli-Zunft» im alten Burehäs im Jahre 1931.

Die Zunft betreibt im längst mit der Stadt zusammengewachsenen einstigen Winzerdorf Herdern eine ursprüngliche Dorffasnet. So wird am «Schmutzige Dunschdig» der alte Dorfkern entlang des Glasbaches mit bunter Wäsche verziert und die berühmten «Herdermer Fähne» und die Hexenpuppen an den Kreuzstöcken und Fenstersimsen aufgehängt. Um 20.11 Uhr graben die Aktiven als lustige Hexen verkleidet die Fasnet auf dem Herdermer Kirchplatz aus. Sonntagmittag wird auf dem Kirchplatz der «Bändeltanz» aufgeführt, bevor man in die Stadt zur «Stroosefasnet» geht. Am Montagfrüh wird Alt-Herdern mit lautem Kuhglockengeschell aus dem Schlaf geweckt und der «Narro-Tag»

ausgerufen. Am «Fasnetzischdig» findet ein großer Kinderumzug statt, bei dem alle teilnehmenden Kinder eine Wurst und einen Wecken erhalten. Nach einem letzten «Sockenschwoof» im Zunftlokal wird um Mitternacht der «Ignaz», die Fasnetstrohpuppe, unter viel Geheul und Wehklagen am Glasbach verbrannt. Jedes Jahr veranstalten die Lalli einen weit über Herdern hinaus beliebten Zunftabend mit närrisch-humoristischem Programm. Die Humoristen der Zunft (Hansjörg Merkle, Peter Keller, Wolfgang Schenk, Hans Sigmund, Klaus Münzer, Heinz Haag, Norbert «Nobby» Keller u. a.) treten seit Jahrzehnten regelmäßig in den BNZ-Kappensitzungen auf.

Wie die «Fasnetrufer» sind auch die «Lalli» von Anfang an eine reine Männerzunft geblieben. Zunftlokal ist seit vielen Jahren das Gasthaus «Zum Weinberg» in Herdern am Glasbach.

«Erznarren Nr. 3»
Zu den «Blaue Narre» gehört auch das «Ur-Bobbele»

Das Narreneltern-Paar der «Blaue Narre».

An der Fastnacht 1938 gesellte sich beim Narrenappell am «Schmutzige Dunschdig» zu den beiden damals einzigen mit Holzmasken ausgestatteten Zünften der «Fasnetrufer» und der «Herdermer Lalli» ein einzelner Narr mit blaugrauem Spättlehäs und einer derb geschnitzten Maske, der sich selbst als «Bobbele» bezeichnete. Darunter steckte Adolf Kaufmann, der durch seine Initiative einer neuen Zunft zur närrischen Geburt verhalf. Die damaligen BNZ-Oberen nahmen die neue Narrenfigur als «Friburger Gumper» (gumpen = springen) schon 1939 in die BNZ auf. Den weiteren Aufbau der Zunft verhinderte der Ausbruch des Zweiten Weltkrieges.

So blieb es zunächst bei dem kurzen Gastauftritt, erst 1948 trat die Gruppe wieder an der Fasnet in Erscheinung. 1949 hatten sich die Gumper ein mit hell- und dunkelblauen rechteckigen Filzresten benähtes Häs zugelegt, über das ein mit silbernen Rollen (Schellen) versehener Ledergurt über Kreuz getragen wird. Die ebenfalls von Franz Spiegelhalter geschaffene, zunächst nur mit einer Leinöllasur leicht getönte Holzmaske wurde nun kontrastierend zum Häs mit einer silbernen Schlagmetallfassung versehen. Die Haube mit Farbwechsel im Mi-Parti zeigt seitlich kleine Eselsohren mit Schellen. Ein großer Fuchsschwanz als Neckinstrument in der Hand vervollständigt das Erscheinungsbild. Das veränderte Aussehen führte auch zur neuen Namensgebung der Narrenzunft: «Blaue Narre».

Als Einzelfigur führt die Zunft im Umzug das «Bobbele» mit. Es trägt ein Flecklehäs in den Stadtfarben rot und weiß, das ansonsten dem blauen Häs entspricht. Die Maske ist fleischfarben gefaßt. Auch besitzt die Zunft ein Narreneltern-Paar, das in Bauerntracht an der Fasnet auftritt. Sie übergeben das «Bobbele» zu Beginn der Fasnet an die Zunft, die es aufzieht, hegt und pflegt, bis es am «Fasnetzischdig» trotz vieler Bemühungen stirbt und verbrannt wird.

Die «Blaue Narre» wurden 1950 zu Erznarren der BNZ ernannt und sind Bestandteil des «Narrendreigestirns», das als BNZ-Emblem verwendet wird.

Das «Ur-Bobbele» inmitten der Schar der «Blaue Narre».

«Erznarren Nr. 4»
Die «Oberwiehremer Kindsköpf» haben schon mehrfach ihr Aussehen verändert

Recht kindisch benahmen sich an der Fasnet 1936 die «Oberwiehremer Kindsköpf», damals noch mit Pappmaché-Masken.

Aus einer Stammtischlaune heraus entstand das Narrennest in der Oberwiehre. Als «Gemütliche Dreisamtäler» traten die im ehemaligen «Kaiserhof», Ekke Oberau/Fabrikstraße, tagenden Stammtischler an der Fasnet 1934 in Drillich und Knobelbechern uniformiert und mit aus Pappe gefertigten Musikinstrumenten (und damit lautlos) als Militärkapelle erstmals beim Rathausappell an. 1936 zeigten sie sich erstmals einheitlich als «Kindsköpfe»: In langen Nachthemden, mit weißen

Strümpfen, Strohschuhen, einer babygesichtigen Pappmaché-Maske auf dem Kopf und einem Lätzchen mit eingestickten Sprüchen («O mei Bibbele» oder «Mamas Liebling») benahmen sie sich schlimmer als die dargestellten Kleinkinder. Mit Schnuller bewaffnet und weißen Emaille-Nachttöpfen, von den Freiburgern aus dem Französischen «pot de chambre» in «Bottschamber» eingedeutscht, sorgten sie für viel Stimmung. Viele Umzugsteilnehmer wurden aufs «Häfele» gesetzt oder bekamen den Schnuller zum Lutschen. Im selben Jahr nahm die BNZ das neue Narrennest in ihre Reihen auf.

Schon beim ersten Nachkriegsumzug 1948 waren die «Kindsköpf» im Nachthemd und mit den alten Pappmachéköpfen wieder dabei. 1958 schlüpften sie in ein neues Häs mit rotweiß gepunkteter Bluse, roter Latzhose aus Cordstoff, roten Turnschuhen und weißen Handschuhen. Die sehr individuell mit verschiedensten Gesichtsausdrücken gestalteten Holzmasken schuf der Schnitzer Johann Kehl aus Oberried. Als Lärminstrument dient ein Schellenbengel mit einem aufgesetzten Kindskopf. Weil die Stoffbeschaffung immer schwieriger wurde, gestaltete die Zunft ihr Häs um. Seit 1998 besteht es aus Jacke und Hose, benäht mit runden Filzfleckle in Rot und Weiß, Schellenriemen, Halstuch und schwarzen Haferlschuhen. Maske und Strickmütze wurden in die Neugestaltung übernommen.

Schon 1936 eingeführt wurde das Glockenspiel der «Kindsköpf» mit Handglocken in verschiedenen Halb- und Ganztönen. Ältere Freiburger erinnern sich noch an das Humoristenduo «Gailer & Co.» (Adolf Gailer und Harry Schüber), das viele Auftritte in den Kappensitzungen hatte.

In Anerkennung ihrer langen Tradition wurde die Zunft vor einigen Jahren zu den vierten «Erznarren» in der BNZ ernannt. Zunftlokal der «Kindsköpf» ist das Gasthaus «Schützen» in der Schützenallee.

Seit 1958 tragen auch die «Oberwiehremer Kindsköpf» Holzmasken mit vielfältigen Babygesichtern.

«Weißnarren» aus Lehen
Die Zunft der «Ammonshörner»

Ein bärtiges Männergesicht zeigt die Maske der «Lehener Ammonshörner» im bemalten Leinenhäs.

Schon über 1000 Jahre zurück liegt die erstmalige urkundliche Erwähnung des Dorfes Lehen am Westrand von Freiburg, das erst im Zuge der Gemeindereform 1971 zur Breisgaumetropole kam. Noch viel älter, nämlich rund 65 Millionen Jahre, sind die versteinerten Gehäuse der Ammoniten, die man am «Lehener Bergle» gefunden hat. An einer Reihe von Häusern in Lehen sind noch heute die ausgegrabenen Originale oder nachgegossene Kopien an den Giebeln eingemauert.

Als man 1984 in Lehen eine Narrenzunft aus der Taufe hob, gab man ihr den Namen dieser in der Kreidezeit lebenden Kopffüßler. Die anfängliche Idee, einen riesigen Ammoniten als hölzerne Kopfvollmaske zu tragen, wurde wegen der Schwere solch eines närrischen Kopfputzes bald wieder verworfen. Stattdessen schaffte man sich eine bärtige Männermaske mit stieren Augen und weit in die Stirne hängenden Haaren an, die von dem Bildhauer Edgar Spiegelhalter entworfen wurde. Hinzu kam ein bemaltes Leinenhäs, wie es die «Weißnarren» auf der Baar tragen. Obwohl am Oberrhein sonst nicht üblich, wurde diese Form des Narrenkostüms gewählt, weil einer der Zunftgründer, Emil von Ow, als Kunstmaler tätig war. Er hat auch zu Beginn auf die ersten Leinenkittel und -hosen in Handarbeit bunte Blumen, Ranken und Gräser aufgemalt, wie sie am «Lehener Bergle» und an der vorbei fließenden Dreisam zu finden sind. Die Rückseite des Kittels ziert ein großes Ammonshorn. Wie bei den Weißnarren üblich, tragen die Lehener Narren zwei große gekreuzte Ledergurte, an denen schwere «Rollen» einen beträchtlichen Lärm erzeugen. An der weißen Kopfhaube sind zusätzlich zwei buschige Fuchsschwänze befestigt. In der Hand tragen die «Ammonshörner» geflochtene Weidenkörbe, aus denen sie gebackene Schneckennudeln, den Fossilien ähnlich, an die Kinder verteilen.

Die Ammonshörner machen eine zünftige Ortsteilfasnet mit dem Veranstaltungsschwerpunkt in Lehen. So werden auch am «Schmutzige Dunschdig» die Schule gestürmt, die Schüler befreit und am Abend mit einem Fackelumzug ein Narrenbaum aufgestellt. Seit 1994 gibt es als Untergruppe die Guggemusik «besser wie nix».

«Z'Friburg in de Stadt, sufer ischs un glatt!»
Die Zunft der «Bächleputzer»

Für die Sauberkeit der Bächle fühlen sich die «Bächleputzer» nur an der Fasnet verantwortlich.

Der Ursprung des Narrennestes war der Männergesangverein «Fidelitas» von 1883, der vor dem Krieg in der «Harmonie» sein Vereinslokal hatte. Bereits im Jahre 1935 fand sich hier eine Schar von aktiven Sängern unter der Führung von Bertl Eggert in der Gruppe der «Fidelen Bächleputzer» zusammen, die am Rosenmontags-Umzug teilnahm. Vorbild waren jene städtischen Arbeiter, die in Freiburg für die Sauberkeit der «Bächle» zuständig sind. Neben dem Münster zählt dieses mittelalterliche System der Wasserversorgung zu den Attraktionen, die die Besucher der Breisgauhauptstadt immer wieder begeistern. So wurde auch das Narrenhäs als Persiflage auf die Arbeitskleidung der fleißigen Putzer, die den Unrat aus den Wasserrinnen entfernen, gestaltet: Blaue Arbeitshose mit Segeltuchgamaschen, buntes Hemd mit gelbem Dreiecksschal, graublaue Schirmmütze, ein blauer Schurz und vor allem ein Reisigbesen. 1936 erfolgte die Aufnahme der Sängergruppe als Narrennest in die BNZ. Bis zum Krieg veranstaltete die Zunft in der «Harmonie» Kappenabende und Kostümbälle.

Nach dem Krieg fanden sich die Aktiven wieder zusammen und beteiligten sich erneut an den Umzügen, für die mehrfach Wagen gestaltet wurden. Nach wie vor durften nur aktive Sänger der «Fidelitas» Mitglied in der Narrenzunft werden, deshalb wurde 1954 von Friedel Eggert, der Frau des Gründers, eine Frauengruppe mit eigenem Häs ins Leben gerufen. Inzwischen gelten diese Beschränkungen nicht mehr. In der einstigen reinen Männerzunft sind heute die Frauen gewaltig in der Überzahl.

Zum 25jährigen Zunftjubiläum 1961 wurde ein neues Häs gestaltet, das 1971 nochmals überarbeitet wurde. Bis dahin war man noch ohne Holzmaske unterwegs. Nach einer Idee des Freiburger Bildhauers Wilhelm von Kittlitz wurde nun von Albert Schonhard in Simonswald eine «Drehmaske» gefertigt, bei der man oben und unten vertauschen kann: Aus den Augenbrauen wird dann der Schnurrbart und aus den Mundlöchern die Augen, die platt gedrückte «Boxernase» bildet jeweils den zentralen Mittelpunkt. Leider wird von diesem «Dreh-Gag» kaum Gebrauch gemacht. Der «Bächleputzer» trägt heute eine grüne Stoffjacke mit rotem Halstuch, einen Lederschurz mit der Darstellung des Bächleputzers, knielange blaue Fransenhosen, rote gestrickte Strümpfe und Handschuhe. Als Kopfbedeckung dient eine lederne Schildkappe, und in der Hand ist das Arbeitsgerät, der Besen, zu finden.

Einst suchte man an der Wonnhalde nach warmem Thermalwasser
Die «Günterstäler Bohrer» erinnern an dieses Ereignis

Der Name der Günterstäler Narren geht auf eine Begebenheit aus dem Jahre 1922 zurück. Damals kam man nämlich in dem Freiburger Vorort am Fuße des Schauinslands auf die Idee, an der Wonnhalde nach Heilquellen zu bohren. Zwar hatten namhafte Geologen bereits im Vorfeld davon abgeraten, trotzdem wurde mit der Probebohrung begonnen. Diese blieb, wie zu erwarten, erfolglos, und die Günterstäler hatten mit einigem Spott zu leben. Auch das nahe des Vororts gelegene Bohrertal und die Gaststätte gleichen Namens haben bei der Namensfindung dieser Narrenzunft wohl Pate gestanden.

Bereits 1935 wurde die Zunft auf Anregung ihres Vorsitzenden Josef Burgert durch Mitglieder des Männergesangvereins Günterstal aus der Taufe gehoben und nahm 1936 mit einem Wagen, auf dem Bohrtürme zu sehen waren, am Freiburger Umzug teil. Im Mai 1937 wurde die «Bohrerzunft» in die BNZ aufgenommen. In jenem Jahr hatte die junge Zunft am Rosenmontagsumzug in der Freiburger Innenstadt eine «Altweibermühle» mitgeführt, in die oben «alte Wiiber» in den Trichter hinein geschüttet wurden, die unten als taufrische junge «Maidli» wieder zum Vorschein kamen.

Bis zum Jahre 1960 trugen die Günterstäler Narren ein einfaches Bauernhäs mit blaugestreiften Fuhrmannskitteln und eine Schwarzwälder Melone auf dem Kopf. Mitgeführt wurden schwere Eisenbohrer mit angelöteter Blechspirale. Die Frauen gingen in blau-weiß getupften Blusen und schwarzen Röcken, unter denen lange weiße Spitzenunterhosen hervorlugten. Zum 11.11.1961 wurde – getreu der alemannischen Tradition – ein Flecklehäs aus grünen rhombenartigen Filzflecken mit einigen roten und schwarzen «Tupfern» geschaffen. Die Zünftlerin Steffi Schoch hatte den Entwurf gefertigt. Auf der Rückseite der Häsjacke wurde auf Vorschlag von Zunftvogt Heinz Krissmann in einem dreieckigen roten Stoffrahmen ein großer Bohrer aufgenäht. Die von Zeremonienmeister Albert Stehle entworfene und von Josef Tränkle in Elzach geschnitzte Holzmaske zeigt ein lachendes Männergesicht mit sichtbarer weißer oberer Zahnreihe, aus der ganz leicht die Zunge herausgestreckt wird. Eine spiralförmige Nase, die gedrehte Stirnlocke sowie ein großer silberfarbiger holzgeschnitzter Handbohrer, der auch als Trillerpfeife benutzt werden kann, erinnern an den Necknamen der Zunft.

Lärm machen auch zahlreiche Schellen am Bohrer und an den Handschuhen.

Die Bohrer-Zunft betreibt in Günterstal noch eine ausgeprägte Ortsteilfasnet. Auf vielen Umzügen war sie mit Wagen vertreten. Seit über 20 Jahren haben die «Bohrer» eine eigene Blechbläsergruppe, die mit ihren schrägen Tönen für viel närrische Stimmung sorgt.

Eine gedrehte Nase und die leicht heraushängende Zunge prägen die Maske der «Günterstäler Bohrer».

Die Haslemer haben die größten Köpfe
Die Zunft der «Haslacher Dickköpf»

Aus Pappmaché sind die großen Schwellköpfe, die die Haslacher Narren nur noch beim Umzug tragen.

Das 1889 nach Freiburg eingemeindete Dorf Haslach hatte seit 1534 zur protestantischen Markgrafschaft Baden-Durlach gehört, wo die Fastnacht als weitgehend katholisches Brauchtum nicht mehr gepflegt wurde. Doch schon im Gründungsjahr der BNZ 1934 taten sich einige Fuß- und Handballer des «FC Kickers-Haslach» zusammen, die sich am Rosenmontagsumzug in Freiburg beteiligten. Sie gründeten auf Anregung von BNZ-Marschall Willy Jäger das Narrennest der «Haslacher Dickköpf», wohl auch unter dem Aspekt, daß die Haslacher immer als etwas «eigen» galten und sich von der Obrigkeit nicht bevormunden ließen, so zumindest die Meinung der nördlich der Dreisam wohnenden Mitbür-

ger. Um ihrem Necknamen gerecht zu werden, traten die Aktiven an der Fastnacht mit übergroßen Pappmaché-Köpfen auf, die man aus dem rheinischen Karneval als «Schwellköpfe» kennt, und sorgten für Stimmung und Gelächter. 1937 wurden sie in die BNZ aufgenommen.

Die großen Narrenfiguren waren im Zweiten Weltkrieg erhalten geblieben und traten bereits beim ersten Umzug 1949 wieder in Erscheinung. Seit 1954 organisierten die «Dickköpf» gemeinsam mit den «Bächleputzern» und «Blaue Narre» in der Stadthalle Rosenmontags- und Kinderbälle. Da die großen Figuren natürlich ausschließlich auf der Straße auftreten konnten, hatten die «Dickköpf» seit langem ein «Saalhäs» mit blauer Hose, weißem Hemd mit Fliege und Narrenkappe getragen. Vor einigen Jahren wurde dieses «Saalhäs» durch ein der bäuerlichen Sonntagstracht angelehntes Kostüm mit schwarzer Jacke und roter Weste ersetzt, das im Jahr 2000 durch lachende Männer- und Frauenmasken aus der Werkstatt des Elzacher Schnitzers Franz Lang mit schwarzen und blonden langen Perücken ergänzt wurde. Die noch vorhandenen «Schwellköpfe» werden aber weiterhin beim Freiburger Fasnetsmendigumzug getragen.

Seit dem Jahre 2000 haben die «Haslacher Dickköpf» eine geschnitzte Holzmaske.

Ein Narr wird durch die Flammen geläutert

Die Zunft der «Freiburger Feuer-Narre»

Ein «flammend» rotes Stoffhäs tragen die Freiburger «Feuer-Narren».

Als die BNZ nach dem Zweiten Weltkrieg die Freiburger Fasnet wieder aktivierte, erwachte in Manfred Thumm die Idee, eine neue Narrenzunft zu schaffen. In Anlehnung an die «Blaue Narre» erfand er 1953 einen «Roten Narren», dessen Häs er aus einem Anzug, benäht mit über 5000 roten runden Filzfleckle, fertigte. Schwarze «Tropfen» aus Filz und angenähte Blechschellen ergänzten das Häs. Hinzu kam eine schwarz-rote Mi-Parti-Haube mit spitzen Hörnern und einem Kragen mit zahlreichen Zipfeln, an deren Enden ebenfalls Blechschellen befestigt wurden. Die eigens gefertigte Maske bestand aus Gummi. Narrenattribut war ein Schellenstab.

Als Zweiergruppe nahm Thumm zusammen mit seiner späteren Frau Emma Hess am Rosenmontagsumzug 1954 teil. Bereits am 11.11.1954 war die Gruppe auf 11 Personen angewachsen und wurde nach einigen Änderungen am Häs und der Anschaffung einer Holzmaske als «Feuer-Narre» in die BNZ aufgenommen. Die Maske, geschaffen von Johann Kehl aus Oberried, zeigt ein lächelndes Faungesicht und hat als Besonderheit einen beweglichen Unterkiefer. Das Thema Feuer versinnbildlichen flammenähnliche Auswüchse auf dem Kopf, an den Augenbrauen und am Kinn. Die schwarzen «Tropfen» am Häs wurden nun mit verchromten Bronzeschellen versehen, statt der Hörner erhielt die Haube Ohren in Flammenform. Vorne am Kragen ist die Aufschrift «Feuer-Narre» zu sehen, dazwischen der Freiburger «Krabb» auf einem goldenen Wappenschild. Ursprünglich war der Krabb ein Adlerkopf, der als Münzzeichen das in Freiburg geprägte mittelalterliche Geld zierte. Wohl wegen des langen Schnabels mutierte er zum Raben und gab dem Freiburger «Rappenpfennig» den Namen. Als Narrenattribut trägt der «Feuer-Narr» einen gewundenen, schwarz-roten Holzstab mit Filztropfen und Schellen.

Das gesamte Brauchtum der «Feuer-Narren» ist der Feuersymbolik gewidmet. So wird am «Schmutzige Dunschdig» das Fasnetfeuer angezündet und in der Dienstagnacht wieder gelöscht. Wie überall wird in der Nacht zum Aschermittwoch der Strohmann als der diesseitige Narr verbrannt, um wie Phönix aus der Asche zu steigen und geläutert wieder «den Himmel verdienen» zu können.

In den Anfangsjahren war die Waldgaststätte St. Ottilien das Zunftlokal, später fand das Fasnettreiben im «Deutschen Kaiser» statt.

Freiburgs Neckname stand Pate bei der Gründung
Die «Friburger Bobbili» tragen die Freiburger Stadtfarben

«Bobbele» ist von alters her der Neckname für die eingeborenen Freiburger, wobei niemand so recht weiß, was der Ausdruck eigentlich besagen soll. Zwar gibt es einen alten Kinderreim «Kinderschüler Bobbili, drinke noch e Schoppeli», und man kennt in Singen die Sagengestalt des «Poppele vom Hohenkrähen», auch bezeichnet man die Basler als «Böppi» oder die kleinen Tannenzapfen als «Fohrebobbeli», aber was dies alles mit der Breisgaumetropole zu tun hat, ist unbekannt. Einer Theorie zufolge wurden die Schüler der unter Kaiserin Maria Theresia in Freiburg 1773 eingeführten Normalschule nach ihrem Lehrer Franz Joseph Bob «Bobbele» genannt.

Obwohl die Zunft der «Blaue Narre» als Einzelfigur bereits das «Bobbele» im Umzug mitführte, beschlossen bei einem Stammtisch im «Neustädter Hof» im Jahre 1963 einige Freiburger Fastnachtsbegeisterte, eine eigene Narrenzunft, die «Friburger Bobbili», zu gründen. Als Häs wählte man ein rot-weißes Fleckehäs (Freiburgs Stadtfarben) mit einzelnen gelben (für die badischen Farben rot und gelb) Stofffleckle dazwischen. Die Holzmaske zeigt ein gutmütiges Männergesicht mit buschigen weißen Augenbrauen;

der Maskenschnitzer Albert Schonhardt aus Obersimonswald hat sie geschaffen. Als Requisit tragen die Narren einen rot-weißen Regenschirm. Am 11.11.1971 wurden die Bobbili in die BNZ aufgenommen.

Viele Jahre war der «Bankepeter» das Zunftlokal, heute finden die Veranstaltungen meistens in der Vigeliusschule in Haslach statt, wo sich die Zunft schon seit vielen Jahren am «Haslemer Hock» beteiligt.

Ein gutmütiges verschmitztes Männergesicht zeigt die Holzmaske der «Friburger Bobbili».

Einst tanzten die Hexen am Nägelesee
Die Zunft der «Friburger Hexen» besteht seit über 40 Jahren

Die Figur der Fasnethexe spielt im alemannischen Narrengeschehen eine wichtige Rolle, und überall sind oftmals recht groteske Hexen- und Teufelsgruppen anzutreffen. Fälschlicherweise wird häufig angenommen, daß die Fastnachtshexen auf die spätmittelalterlichen Hexenverfolgungen zurückgehen. Die Offenburger Hexen, die «Urmütter» aller entsprechenden Narrenzünfte, sind aber erst 1934 gegründet worden. Vorher war die Hexe höchstens als Einzelfigur an Fasnet zu sehen.

Die Freiburger wollten da nicht abseits stehen und gründeten im Jahre 1963 eine erste Hexenzunft. Gründer war der spätere langjährige Narrenmeister des «Verbandes Oberrheinischer Narrenzünfte» (VON) Wolfgang Herterich. Bei der Wahl der Hexenfigur berief man sich auf eine heimatliche Sage, nach der sich am Nägelesee und im Gewann Rotlaub früher die Hexen trafen, um gemeinsam zu tanzen und sich zum Flug auf den nahe gelegenen Kandel zu sammeln. Noch unsere Vorfahren mieden nachts dieses Gebiet am Fuß des Sternwaldes, weil es ihnen unheimlich war.

Doch war es weniger das Gruseln, als vielmehr der Spaß am närrischen Umhertollen, der das Motiv der «Fri-

burger Hexen» sein sollte. Sie tragen deshalb auch nicht das übliche Lumpenhäs, sondern eine von Richard Fahr entworfene, stilisierte Märchentracht mit roter Gugelhaube, grünem Schnürmieder, weißen knielangen Spitzenunterhosen unter dem schwarzen Rock, roten gestrickten Strümpfen und geflochtenen Strohschuhen. Natürlich darf der Reisigbesen als Neckinstrument nicht fehlen.

Die eher skurrile als gruslige Holzmaske mit der langen gebogenen Nase

und den dreieckigen Katzenaugen, die von zwei an der Gugel befestigten Zöpfen gerahmt wird, wurde ebenfalls von Richard Fahr entworfen und von Josef Tränkle aus Elzach erstmals geschnitzt. Er schuf auch die eindrucksvolle Maske für die Einzelfigur des Teufels mit ihren langen Hauern, die die Hexen anführt. Der oberste Hexenmeister trägt eine schwarze Jacke aus vier Bergschaffellen, eine schwarze mit Fleckle benähte Hose und ebenfalls Strohschuhe an den Füßen. In den Händen hält er eine mehrzinkige Holzgabel.

Zu den Bräuchen der «Friburger Hexen», die seit 1967 Mitglied in der BNZ sind, gehört ein eindrucksvoller Hexentanz. Aus den Reihen der Hexen kommen seit vielen Jahren qualitätvolle Beiträge zu den BNZ-Kappensitzungen. Bei der Strooßefasnet wenden sie sich mit zahlreichen Aktionen (Zuckerwatte, Mohrenkopf-Katapult) an die Kinder, denen so auch die Angst vor den Schreckmasken genommen werden soll. Ein über Jahre dauernder närrischer Wettstreit besteht mit den Fasnetrufern, denen die Hexen sogar schon den «Ignaz» vom Narrenbaum entführt haben. Ein Höhepunkt war die Verkleidung des Bertold-Schwarz-Brunnens als riesige Hexe zur Fasnet 1995.

Hexen und Teufel sind aus der Freiburger Fasnet nicht mehr wegzudenken.

Als «Nachtwächter» begannen sie ihre närrische Laufbahn

Die Zunft der «Freiburger Fuhrleute» entstand aus einem Männergesangverein

Ende des 19. Jahrhunderts gab es in Freiburg eine stolze Zahl von Männergesangvereinen. Einer von ihnen war die «Eintracht», die 1881 von «ehrbaren Freiburger Handwerksmeistern» gegründet wurde und seit 1911 in der «Brauerei Heitzler» in Unterlinden ihr Probelokal hatte. Viele Vereinsfeste und mancher Maskenball wurden dort abgehalten. Wie bei anderen Vereinen fand sich beim Aufbau der alemannischen Fasnet in Freiburg in den Reihen der Sänger spontan eine Clique, die als Untergruppe des Gesangvereins an der Fasnet 1935 erstmals auftrat und sich 1939 der BNZ anschloß. Mit urigen Fastnachtbeerdigungen am Unterlindenbrunnen und der Geldbeutelwäsche am Aschermittwoch auf dem Rathausplatz führte sie von Anfang an wieder alte Fastnachtsbräuche ein. Unbekannt ist, warum diese Gruppe den Namen «Unterlindemer Nachtwächter» wählte – böse Zungen behaupten, dies ginge auf die nächtliche Singerei der nimmermüden Fastnachter zurück.

Beim Bombenangriff auf Freiburg am 27. November 1944 wurde die «Brauerei Heitzler» vollkommen zerstört. Das ganze dort verwahrte Inventar der Zunft, darunter auch die wert-vollen Nachtwächteruniformen, gingen in Flammen auf. Die aus dem Zweiten Weltkrieg zurückgekehrten Aktiven beschlossen deshalb, sich ein neues Häs zuzulegen und einigten sich auf den alten Beruf der Fuhrleute, die früher vor der Brauerei ihre Gäule ausspannten und so manches Bier und Viertele zusammen mit den stimmgewaltigen Sängern der «Eintracht» durch die Kehle rinnen ließen. Mit dem Segen der BNZ wurde die Zunft in «Fuhrleute» umgetauft. Zum traditionellen blauen Fuhrmannskittel trug man nun schwarze Cordhosen, eine schwarze Zipfelmütze und als Narreninstrument eine Fuhrmannsgeißel, selbstverständlich mit «Zwick», damit auch kräftig «geklepft» werden kann.

Als sich die zunächst reine Männerzunft für die Aufnahme von weiblichen Mitgliedern öffnete, wurde für diese ein eigenes Frauenhäs mit blaurotem breitkrempigen Filzhut und roter Feder entworfen. Eine weiße Bluse mit blauem Mieder und Jacke, knielangem Bahnenrock und dazu roten Kniestrümpfen vervollständigen die Frauentracht.

Zum Männerhäs wird erst seit 1981 eine Holzmaske getragen, die Konrad Wernet in Elzach entworfen hat. Sie zeigt ein verschmitztes Männergesicht

Schnurrbärtige Männergesichter unter schwarzer Zipfelmütze zeigen die Masken der «Freiburger Fuhrleute».

mit Schnauzbart. Seit 2004 führt die Zunft beim Fasnetsmendig-Umzug wieder einen «Nachtwächter» im ursprünglichen Häs als Einzelfigur mit.

Die meisten der männlichen Mitglieder der «Fuhrleute» sind noch immer als Sänger in der «Eintracht» dabei. Mehrere Aktive (Peter Becker, Dieter Eisenmann, Hansjörg Freikowski, Andreas Lerner, Wolfgang Münzer) singen – zum Teil schon seit der Gründung – bei der «BNZ-Clownerie» mit und lassen in den Kappensitzungen ihre Tenöre und Bässe erschallen.

Am Tuniberg wird an der Fasnet «gegigelt»

Die «Gigili-Geister» sind um den Turm in Munzingen anzutreffen

In Munzingen am Tuniberg spukt über die Fasnettage der «Gigili-Geist» um den Turm der ehemaligen Kageneck'schen Wasserburg.

In Munzingen am Tuniberg, das 1973 nach Freiburg eingemeindet wurde, findet man noch einen Turm als Rest der mittelalterlichen Wasserburg der Grafen von Kageneck, der im Volksmund als «Gigili» bezeichnet wird. Er diente lange Zeit als Arrestzelle, aus dem die Gefangenen durch die vergitterten Fenster hinausschauen (gigeln) konnten. Was lag nun näher, als daß sich die Munzinger Bürger einen närrischen Geist als Narrenfigur zulegten, der um die Fasnetzeit um den «Gigili» herumspuckt. Der Munzinger Narrenruf «Häre, Häre Gungili» stammt aus der Zeit, als im Turm die Milchsammelstelle war. Die Kinder spielten rund um den Turm «Fangis», beim Ertönen des Rufs wurde die Richtung gewechselt.

Ursprünglich war die Idee beim Munzinger Fasnetumzug 1975 entstanden, wo Waltraud Moll eine statt im üblichen Cowboy- und Indianerlook als Geister verkleidete Kindergruppe vorstellte. Da die weißen Leintücher nach dem Fastnachtstreiben nicht wieder blitzsauber wurden, färbte man sie für die nächste Fasnet kurzerhand grau. Der Erfolg der Gruppe legte die Gründung einer Narrenzunft für Munzingen nahe. Der Zunftvogt der «Oberwindemer Spitzbuebe» gab nützliche Hinweise für die brauchtumsgerechte Gestaltung einer Narrenfigur.

Der hieraus entstandene «Gigili-Geist» wurde 1978 vorgestellt, als sich die Zunft mit zwanzig Aktiven zusammenfand. Er zeigt eine in eine lange graue Kutte gekleidete männliche Gestalt mit Spitzbart, großen stieren Augen und zwei hauerartigen Eckzähnen,

die aus dem Unterkiefer herauswachsen. Die Holzmaske wurde von Edmund Ludschuweit aus Oberwinden entworfen und geschnitzt. Auf dem Kopf trägt der «Gigili-Geist» eine rote Gugelhaube, der Kragen ist auf der Vorderseite mit einer grauen Fledermaus und auf der Rückseite mit dem Ortswappen von Munzingen benäht. In der Hand tragen die Geister ein bewegliches kleines Holzgitter, durch welches sie ihre Opfer «gigeln» lassen.

Am 11.11.1985 wurde die rührige Geistergilde als 33. Zunft in die BNZ aufgenommen. Erste Zunftvögtin wurde Waltraud Moll, die viele Jahre das Narrenzepter in der Wein- und Spargelmetropole am Tuniberg schwang, bevor sie die Führung in jüngere Hände übergab.

In Munzingen ist noch eine richtige Dorffasnet mit Eröffnung, Rathaussturm, Zunftabend, Umzug und Verbrennung im Ort zu Hause. Berühmt ist das «Munzinger Narrenblättle», eine Fasnetzeitung, die in Text und Bild die Ereignisse des Jahres karikiert. Ein eigenständiger Brauch ist jeweils am Fasnetdienstagnachmittag die «Wäschbachtaufe», bei der Munzinger Neubürger in einer närrischen Zeremonie am alten Waschplatz hinter dem Turm in die Bürgerschaft aufgenommen werden.

Einst waren im «Kronenviertel» die Hemdglunker daheim
Jetzt treibt dort die Zunft der «Friburger Glunki» ihren Schabernack

Ein typisch alemannischer Fastnachtsbrauch am «Schmutzige Dunschdig» ist das Umherziehen im langen weißen Nachthemd mit Zipfelmütze und Strohschuhen, also im Gewand des «Hemdglunkers».

Diese Sitte auch in Freiburg einzuführen, beschlossen bereits vor dem Zweiten Weltkrieg einige Stammtischler des Gasthauses «Krone» in der Kronenstraße, nach dem auch das Stadtviertel südlich der Dreisam benannt wurde. Sie hatten sich als «Narrennest Kroneviertel» stets auch zur Fasnet im Lokal getroffen, vor dem sogar ein kleiner Narrenbaum aufgestellt wurde. 1937 schlug die Wirtin Ida Wernet vor, die nächste Fasnet doch im Nachthemd mitzumachen. Zum Umzug 1939, dem letzten vor dem Krieg, traten die «Kronenviertler» tatsächlich im Nachthemd und Zipfelmütze zum Rosenmontagsappell an, begleitet von einer Narrenkapelle aus Trommel, «Zieha» und Trompete, angeführt vom ersten Zunftvogt Max Kuster.

Erst 1950 konnte Max Kuster wieder eine Schar von Narren im «Kronenviertel» sammeln. Zu einer beliebten Tradition wurden nun die dortigen Kinderumzüge am «Schmutzige Dunschdig», bei denen die Glunki großzügig Wurst und Weckle spendierten. Der Ausbau der Kronenstraße als Ausfallweg nach Süden setzte den Umzügen im Kronenviertel ein Ende, aber seit 1974 übernahmen die Glunki von der BNZ die Aufgabe, einen Kinderumzug in der Innenstadt durchzuführen und den Narrenbaum zum Rathaus zu begleiten.

Um die Zunft, deren Mitgliederstand gegen Ende der 1960er Jahre stagnierte, wieder attraktiver zu machen, sollte das Häs um eine Holzmaske ergänzt werden. Im ersten Anlauf hatte Richard Fahr ein neckisches Gesicht mit langer Nase und zugekniffenem Auge entworfen. Schon waren die ersten acht Masken geschnitzt, als der Brauchtumsausschuss der BNZ den Entwurf ablehnte: Eine Holzmaske passe nicht zum traditionellen Hemdglunker, zudem sei sie der Maske der Blaue Narre zu ähnlich. So wurde 1971 eine radikale Umgestaltung vollzogen, und die Hemdglunker wurden zum «Friburger Glunki». Sie beriefen sich dabei auf den alten Begriff des «Glunki», mit dem im alemannischen Dialekt ein Mensch bezeichnet wird, der sich gern als dümmlich und naiv gibt, es aber faustdick hinter den Ohren hat. Richard Fahr entwarf, anknüpfend an diesen Necknamen, eine die Zähne

Als Spaßmacher sind die «Friburger Glunki» über die Fasnet auf den Straßen zu finden.

bleckende, lachende Holzmaske, zu der die Zünftler ein Häs mit vieleckigen schwarzen und orangefarbenen Fleckle und darüber einen großen roten, schellenbesetzten Schulterkragen tragen. Lange gelockte schwarze Haare rahmen die Maske ein und lugen unter der roten, mit Schellen besetzten Zipfelkappe hervor. Zum Lärmen verwenden die «Glunki» hölzerne Narrenkleppern mit Lederriemen. Sie sind als Spaßmacher bei der «Strooßefasnet» meist recht aktiv.

Ein fastnächtlicher Neckvers vom «Backsteinkäs»

Die Zunft der «Unterwiehremer Käsrieber» trägt die Farben blau-rot

Zwischen den beiden ehemaligen Vororten Wiehre und Herdern, die zu den ältesten Stadtteilen Freiburgs zählen, gab es schon immer ein augenzwinkerndes «Gefrotzel». So zogen die Wiehremer ihre nördlichen Mitbürger wegen ihrer Vereinsmeierei an der Fasnet mit dem Neckvers «Hänner g'sähne, hänner g'sähne, die Herdermer mit de Fähne!» auf. Diese revanchierten sich und sangen ihrerseits: «In de Wiehri, in de Wiehri, git's Backsteikäs um Vieri!» – woraus ein gewisser Neid sprach, denn dank der großen Bautätigkeit südlich der Dreisam, die im letzten Drittel des 19. Jahrhunderts eingesetzt hatte und bis nach dem Ersten Weltkrieg fortdauerte, konnten sich die dort tätigen Bauarbeiter trotz der hohen Arbeitslosigkeit in der Inflationszeit noch immer ein deftiges Käsevesper leisten.

Eine Stammtischrunde im Gasthaus «Sonne» an der Basler Straße machte schließlich 1951 aus dem Neckvers Wirklichkeit und zog schon an der Fasnet 1952 als «Unterwiehremer Käsrieber» durch Freiburgs Straßen. Zu blauen Pluderhosen trug die kleine Gruppe ein rotes Hemd mit Pluderärmeln, darüber einen blauen Bolero und eine blaurote Zipfelkappe mit Schelle. 1953 wurde die neue Narrenzunft in die BNZ aufgenommen. Das heutige Häs wurde 1957 von Zunftvogt Helmut Löffler entworfen. Es besteht aus großen blauen und roten halbkreisförmigen, an halbe Camemberts erinnernde Filzfleckle, als Schulterstücke sind ein Paar Käsereiben angebracht. Die Farben blau-rot wurden gewählt, weil früher der Backsteinkäs, um ihn frisch zu halten und seinen Geruch zu reduzieren, in blaurotes Staniolpapier eingewickelt war. Die Holzmaske wurde von Josef Dockweiler in Breisach geschaffen und zeigt unterschiedliche, käseweiße freundliche Gesichter unter einer blauroten Stoffhaube. Dazu gehört ein breiter Gürtel mit eingebrannter Zeichnung der Maske und mit vier großen Schellen. Als Requisit wird ein Schellenbengel getragen. Seit 1958 haben die «Käsrieber» einen eigenen, von Bruno Köbele einstudierten Narrentanz.

Unter den Vögten und späteren Oberzunftvögten Rudi Scholl und Bernd Hess entwickelte sich die Zunft zu einem der größten Narrennester Freiburgs. Lange Jahre hatte man das Domizil im Gasthaus «Fortuna», heute trifft man sich an der Fasnet zusammen mit den Waldseematrosen im «Schwarzwaldblick».

An einen überreifen «Backsteinkäs» erinnert das Gesicht der «Unterwiehremer Käsrieber».

«...und wenn die Katz nit hoorig wär, dann fängt sie keine Mäuse mehr!»

Die «Miau-Zunft» – Freiburgs älteste Tierfigur

Mit unterschiedlichen Masken und Fellen sind Kätzle und Kater der «Miau-Zunft» an der Fasnet zum Schnurren unterwegs.

Tierfiguren in der alemannischen Fasnet sind keine Seltenheit, insbesondere die Katze findet man in einigen Narrenorten. Gilt sie doch als ein Symbol des Frühlings, denn wenn der Kater auf den Dächern sein Liebeslied anstimmt, dann erwacht das Leben. Das fauchende Katzentier ist aber auch Begleiter der Hexen, und der «dreimal schwarze Kater» ist eine alte Zauberformel. Auch gilt als bekanntester Fasnetreim das «Hoorig, hoorig, hoorig ist die Katz!»

Die Idee zur Freiburger Katzenzunft stammt von Albert Bammert, dem Wirt des «Bratwurstglöckle», der die «Miau» 1937 aus einer Stammtischrunde heraus gründete. Schon zuvor war der Wirt als «Rolli» (= Kater) verkleidet an der Fasnet unterwegs. An der letzten Vorkriegsfasnet 1939 hatten sich bereits 24 gleichgesinnte Kater (zunächst waren nur Männer zugelassen) zusammengefunden. Nach dem Krieg traf man sich im Hotel «Stadt Wien» an der Habsburgerstraße wieder, das Albert Bammert nach der Zerstörung seines «Bratwurstglöckle» durch die Bomben des 27. November 1944 übernommen hatte. Am 12. Januar 1951 wurden die «Miau» in die BNZ aufgenommen. Seit 1955 gilt der Leitspruch der Zunft «Alles für die Katz!»

Schon 1937 hatte Franz Spiegelhalter eine Katzenmaske entworfen, doch erst seit der Vereinheitlichung ihres Häs im Jahre 1953 tragen die Freiburger Katzen ihre Holzmasken mit verschiedenen Gesichtsausdrücken, die farblich auf die jeweiligen Jacken aus Katzenfellen abgestimmt sind. Die in letzter Zeit im Internet und in den Medien heftig – und auch vielfach unsachlich – vorgetragenen Proteste militanter Tierschützer führten dazu, daß heute zunehmend gefärbte Kaninchenfelle und Kunstpelze verwendet werden. Zur Jacke kommen eine rote Hose mit schwarzen Stiefeln sowie ein mit Schellen besetzter Fuchsschwanz als Neckwerkzeug hinzu.

Lange Zeit blieb das «Stadt Wien» Zunftlokal, heute haben die Katzen im Pfarrsaal von St. Konrad ein Domizil gefunden. Inzwischen sind auch zahlreiche Frauen unter den Aktiven zu finden. Zu den Bräuchen der «Miau» zählen die Katzenhochzeit am Beginn der Fastnacht und das gemeinsame Verzehren des jungen «Rolli» (in Form von Schweineripple) am Abend des Fasnetszischdig.

Närrische Krötenwanderung am Mooswaldrand
Die «Mooskrotten» aus Hochdorf

An der Fasnet sind die Hochdorfer «Mooskrotten» auf närrischer Wanderschaft.

Im Zuge der Gemeindereform mit vielen Eingemeindungen in Richtung Westen kam 1973 auch Hochdorf zu Freiburg. Der aufstrebende Ort, am Rande des Mooswalds gelegen, ist von sumpfigen Wiesen und dem Feuchtwald umgeben, wo viele Frösche und Kröten zu Hause sind, die besonders im Frühjahr auf Wanderschaft gehen und ihr allabendliches Quak-Konzert ertönen lassen. Diese Tatsache führte schon vor langer Zeit dazu, daß die Hochdorfer den Ortsnecknamen «Mooskrotten» bekamen.

Schon kurz nach dem Zweiten Weltkrieg war in Hochdorf mehrfach der Versuch unternommen worden, eine närrische Gemeinschaft zu gründen. Im Ortsteil Benzhausen bestand von 1952 bis 1954 eine Narrenzunft, von 1962 bis 1968 ein Narrennest. Erst im April 1970 kamen wieder einige Hochdorfer Bürger zusammen und etablierten die «Mooskrotten Hochdorf Benzhausen», die 1972 als Gastzunft in den Verband Oberrheinischer Narrenzünfte und nach der Eingemeindung Hochdorfs nach Freiburg 1975 in die BNZ aufgenommen wurde.

Die «Hochdorfer Mooskrotten» gehören zu den vielen Tierfiguren in der schwäbisch-alemannischen Fasnet. Richard Fahr hat das Häs und die Maske entworfen. Die Krötennarren tragen eine grüne Jacke mit aufgenähtem Ortswappen und darüber angebrachten gelben Stoffringen und -streifen. Kragen und Wams sind mit rotem Filzstoff umsäumt. Zum Häs gehören außerdem grüne Bundhosen und Schuhe, handgestrickte gelbe Kniestrümpfe und Wollhandschuhe. Dazu wird eine Holzmaske getragen, die ein warziges Krötengesicht mit breit vorstehendem Maul zeigt und aus der Schnitzerwerkstatt von Franz Lang in Reichenbach stammt. Auf der abschließenden Kopfhaube sind mehrere Narrenschellen angebracht. Als Lärminstrument dient ein hell klingender Schellenstab.

Hochdorf betreibt noch eine ausgedehnte Dorffasnet mit eigenen Zunftabenden in der großen Mehrzweckhalle, einem Umzug am Fasnetsonntag und Veranstaltungen in den Hochdorfer Gaststätten.

Im Mooswald werden im Herbst die Beeren gesammelt.
Das «Mooswaldwiibli» hat in Landwasser sein Narrennest

Der Stadtteil Landwasser gehört zu den jüngeren, in den 1960er Jahren neu errichteten Wohngebieten Freiburgs und wies deshalb lange keine gewachsene Bevölkerungsstruktur auf. Trotzdem beschlossen einige interessierte Bewohner unter Führung von Claire Genius im Herbst 1975, eine eigene Narrenzunft zu gründen. Zuvor hatte man Rat bei den schon bestehenden, benachbarten Narrenzünften eingeholt.

Am 29. Oktober 1975 wurde die Zunft gegründet. Mit Claire Genius gab es nach langen Jahren wieder eine Zunftvögtin in der reinen Männerriege der BNZ-Vögte. Zur Fasnet 1976 traten die neuen Narren noch ohne das spätere Häs auf. Es wurde erstmals am 11.11.1976 in der Stadthalle vorgestellt.

In einem am Rande des Mooswalds beheimateten Stadtteil lag es nahe, mit der Narrenfigur einen Bezug zu diesem großen Rheinauenwald herzustellen. Zur Namens- und Sujetfindung war ein Wettbewerb ausgeschrieben worden. Die Vorschläge reichten von «Landwasser-Ratten» und «Mooswaldspechte» über «Auwaldvögel» bis zu «Wolkenkratzerle». Aufgegriffen wurde ein Vorschlag der Nachbarzunft «Mooskrotte» aus Hochdorf: Das «Mooswaldwiibli»

stellt ein typisches «Kräuter- und Beerenwiibli» dar, wie es in den Wäldern unserer Heimat früher oft zu finden war. Die wieder einmal von Richard Fahr entworfene Gestaltung des Häs spiegelt mit seinen grünen, gelben, roten und braunen Farbtönen das Laub der Bäume im Jahreslauf wider. Unter dem dunkelbraunen Rock mit weißer langer Rüschenunterhose, einem vierfarbigen gestrickten Schulterumhang, weißer Bluse mit Schurz und gelben Kniestrümpfen stecken sowohl Männer wie Frauen. Die Holzmaske mit dem von gutmütigen Runzeln bedeckten Frauengesicht und der langen Nase unter der hellgrünen Kopfbedeckung wurde nach dem Entwurf von Richard Fahr durch Franz Lang aus Prechtal geschnitzt. Das «Wiibli» trägt einen gewundenen, mit Schellen verzierten Krückstock und einen geflochtenen Korb. Am 11.11.1979 wurden die «MoWaWi» in die BNZ aufgenommen.

Die Zunft hat den Schwerpunkt ihrer Veranstaltungen im Stadtteil Landwasser. Am «Schmutzige Dunschdig» wird beim Einkaufszentrum EKZ ein Narrenbaum aufgestellt, zahlreiche Veranstaltungen wie Zunftabend und die Kinderfasnet finden im katholischen Gemeindezentrum statt. Heischebräu-

Gutmütige Altweibergesichter zeigen die Masken der «Mooswaldwiibli».

che, Schulerstürmung, das «Achti-Wecke» am Fasnetsamstagmorgen und eine zünftige Verbrennung haben ebenfalls im Stadtteil ihren Platz.

Als eine der noch immer wenigen Humoristinnen trat Mooswaldwiibli Stephanie Beck schon mehrmals bei den Kappensitzungen in die «Bütt».

Der Narr vom Freiburger Münsterchor

Die Zunft der «Münsterstadt-Narre» hat sich als Motiv einen Wasserspeier ausgesucht

Die typische Gestalt des Narren mit der schellenbesetzten Eselsohrenkappe ist bereits im Mittelalter als Fastnachtsfigur verwendet worden. Galt doch der Narr als «Gottesleugner» und damit als diesseitsbezogener und auf das «eigene Ich» fixierter Mensch, der nicht bereit war, sich für Gott zu entscheiden. So wurde seine närrische Gestalt oftmals im Kirchenraum oder an den Außenfassaden der Gotteshäuser bildlich dargestellt. Auch am Freiburger Münster gibt es im Strebewerk des Hochchors einen Wasserspeier in Form eines Narren. Die Sandsteinskulptur aus der ersten Hälfte des 16. Jahrhunderts wurde schon früh von der Breisgauer Narrenzunft als Symbol entdeckt und als Beweis angeführt, daß es in der Münsterstadt schon seit Urzeiten fastnächtliches Brauchtum gibt. Als Einzelfigur trat er zunächst in Gestalt des «Münsternarren» in die Bütt. 1967 von Richard Fahr und Willy Jäger erdacht, wurde diese Narrenfigur am Anfang von Ronald Binder und seit 1981 durch Markus Weber verkörpert. Als Verkünder des jährlichen Fasnet-Mottos tritt der «Münsternarr» am 11.11. und später bei den Kappensitzungen auf. Auch beim Sturm aufs Rathaus am «Schmutzige Dunschdig» kommt ihm eine wichtige Aufgabe zu.

Im November 1975 kamen einige Haslacher Bürger um Franz Rehm, den späteren langjährigen Zunftvogt, auf die Idee, aus dieser Einzelfigur eine Narrengruppe zu gestalten. Zur Unterscheidung vom «Münsternarren» wählte man den Zunftnamen «Münster-STADT-Narre». Am 11.11.1979 wurde die Zunft in die BNZ aufgenommen.

Die Narrengestalt zeigt eine recht gelungene Kopie des Sandsteinnarren am Freiburger Münster. Die Maske ist ein verschmitzt lachendes Jünglingsgesicht mit spitzer Nase und schräg liegenden Augenbrauen. Das Häs in den Farben grün-gelb-lila ist ein typisches Narrengewand mit schellenbesetzten «Zaddeln» und einer Schellenkappe mit gezaddeltem Kragen und großen Eselsohren. Nach der Zunftchronik wählte man «die Farbe «Lila» aus Ehrfurcht vor dem Dom, das «Gelb» für die altbadische Herkunft und das «Grün» für den freien Lauf des Narren». Zu diesem Standard-Narrenhäs tragen die «Münsterstadt-Narren» kunstvoll aus Leder gefertigte Schnabelschuhe und einen breiten Ledergürtel. Auf der Schulter trägt der «Münsterstadt-Narr» ein Rohr aus Leder, das dem Attribut des Wasserspeiers nachempfunden ist. Was das dortige vasenähnliche Steinrohr genau

Vom Wasserspeier am Münster zu Häs und Maske der «Münsterstadt-Narre».

darstellt, ist nicht bekannt, als Narren-attribut hat es aber Ähnlichkeit mit den Ledereimern, mit denen man im Mittel-alter die Brände zu löschen versuchte.

Man kann solche Behältnisse in der Türmerstube des Münsters noch sehen.

Ein Wein-Schädling wird zur Narrenfigur
Die «St. Georgener Rebläuse»

Obwohl im Freiburger Vorort St. Georgen, der schon zur Weinbauregion des Markgräfler Landes zählt, seit langem eine ortsgebundene Fasnet bestand, entschloß man sich erst im Jahre 1949 zur Gründung eines eigenen Narrennestes. Mitglieder der «Montagskegler» waren im Gasthaus «Stube» übereingekommen, eine Strooßefasnet für St. Georgen auf die Beine zu stellen.

Zusammen mit dem damaligen BNZ-Oberzunftmeister Willy Jäger entwickelte man ein Fastnachtskostüm und gründete im Gasthaus «Zur Schneeburg» die «Zunft der Rebläuse» in Anlehnung an den noch heute in St. Georgen betriebenen Weinbau. Im 19. Jahrhundert hatte das an den Rebwurzeln saugende Insekt (Phyloxera) dem europäischen Weinbau fast den Garaus bereitet, bis man erkannte, daß aus Amerika importierte Reben resistent gegen den Schädling sind. Seither wachsen alle europäischen Reben auf amerikanischen Wurzeln, und in St. Georgen konnte man die Reblaus närrisch betrachten.

Beim ersten Auftritt an der Fasnet 1950 trugen die «Rebläuse» einfache Winzerbekleidung mit weißem Hemd zur schwarzen Hose, ein rotes oder grünes Band als Schlips und einen runden breitkrempigen Strohhut, wie man ihn früher bei der Arbeit im Rebberg als Sonnenschutz getragen hatte. Die Frauen traten entsprechend in weißer Bluse und schwarzem Rock auf und hatten einen Gürtel aus farbigen Bändern und Glöckchen um die Hüften geschlungen. In Hemden und Blusen war ein Reblauswappen eingestickt.

Erst 1955 entwickelte Zunftschneider Werner Herold ein Häs mit weinlaubförmigen Filzfleckle. Die Hose ist ganz in grün gehalten, während die Jacke einen Streifen mit herbstlich gefärbten Blättern in braun und gelb enthält. Noch bis zum Jahre 1965 trug man dazu eine mit Goldpailleten besetzte Augenmaske, dann schaffte man sich eine Holzmaske nach Entwurf von Albert Schonhardt aus Simonswald an. Diese zeigt einen recht abstrakten Insektenkopf mit großen roten Augen an den Seiten, einem langen Rüssel und zwei aus der Stirn heraustretenden Fühlern. Dazu tragen die Reblaus-Narren einen «Dätscher» mit aus Leder geschnittenen Rebblättern und Schellen. Die «St. Georgener Rebläuse» gehören damit zu den Tierfiguren der alemannischen Fastnacht und reihen sich in die große Schar der Insektenmasken

Die Maske der St. Georgener Narrenzunft trägt die Züge der schädlichen «Reblaus».

unter den alemannischen Brauchtums-
gestalten ein.

Besonders ausgeprägt ist in «Sankt
Jerge» die ortsgebundene Fastnacht im
Stadtteil. Im Mittelpunkt steht ein großer Gemeinschaftsabend in der Festhalle, an dem sich alle Vereine beteiligen. Neben Ausgrabung, Beerdigung
mit Heringessen und Zunftabend gibt
es schon seit Jahrzehnten einen großen eigenen Umzug durch den Stadtteil mit vielen Gastzünften aus Freiburg und dem Umland. Im Gasthaus
«Stube», dem alten Rathaus findet alljährlich die «Sankt Jergemer Ratssuppe» statt, ein gemeinsames Mahl mit
närrischen Reden, zu dem viel Prominenz in den Stadtteil kommt. An der
Burefasnet wird das Scheibenschlagen
in den Rebbergen durchgeführt.

Viel Geschrei um ein paar Murmeln

Die «Ribblinghieler» entstanden aus einem Stammtisch

Große Tränen vergießt der «Ribblinghieler» wegen seiner verlorenen Murmeln.

Neben Vereinen waren es oftmals kleinere Gruppen, darunter Stammtische, die sich begeistert dem Aufruf der jungen BNZ anschlossen und sich schon vor dem Zweiten Weltkrieg an der öffentlichen Fasnet in Freiburg beteiligten. So beschloß im Jahre 1936 der Stammtisch der «Löchlebrüder» gemeinsam mit dem damaligen Wirt des «Kleinen Meyerhof», Dr. Fritz Rhino, närrisch aktiv zu werden und sich mit einem Motto-Wagen beim Rosenmontagsumzug zu beteiligen. Der Name bezog sich auf das vom Stammtisch gepflegte Lochbilliardspiel. Als «Stammtisch Kleiner Meyerhof» führten die Fastnachter dieses Engagement ab 1952 weiter und nahmen als heulende Kinder mit Gummimaske, Bollenmütze und Schürzle an Saalveranstaltungen und Umzügen teil. Am 2. April 1957 wurde das Narrennest «Ribblinghieler – Ursprung Löchlebrüder 1936» gegründet und am 11.11. desselben Jahres in die BNZ aufgenommen. Zunftvögtin wurde, als erste Frau einer Freiburger Zunft überhaupt, Hildegard Flöhl. Besonders engagiert für die Zunft hat sich später auch der verstorbene Malermeister und Oberzunftvogt Erhard Weiler, der auch als «Gaudi-Opa» bekannt war. Der spätere Zunftvogt Edgar Fürst übernimmt seit vielen Jahren die Organisation der Führungen im Freiburger Fasnetmuseum an der Turmstraße.

Die Idee für Häs und Maske entstammt dem altbekannten Kinderspiel mit Murmeln, die anderswo «Klicker» oder «Schusser» und in unserer Gegend «Ribbling» genannt werden. Heute aus Glas waren sie früher meist aus Ton und gingen leicht kaputt. Wenn nun also einem der Kleinen beim Spiel seine Ribbling zertreten wurden oder verloren gingen, gab es oftmals dicke Tränen. Darum nannte man einen, der viel Geschrei um Nichts machte, im alemannischen Dialekt einen «Ribblinghieler». Noch heute ist der tröstende Zuruf «Muesch nit hiele, d'Mamme nimmt di!» Narrenspruch der «Ribblinghieler».

Das Häs ist dem Anzug eines kleinen Schulbuben nachempfunden und zeigt eine blaue Stumphose mit weißen Kniestrümpfen, darüber einem blauen Spielkittel mit weißem Kragen und roter Schleife. Die Kitteltasche ist mit aufgenähten runden Stoffstücken als Sinnbild der Murmeln benäht. Zur Maske, die Johann Kehl aus Oberried schuf, werden lange strohblonde Kunsthaare getragen. Sie zeigt ein heulendes Kindergesicht mit Tränen, die wie große Murmeln über die Backen herunterlaufen.

Seit 1973 veranstaltet die Zunft am «Fasnetszischdig» im Stühlinger einen Kinderumzug, und 1983 wurde dort der alte Brauch des fastnächtlichen Straßenschmucks mit Lumpen und Narrenfahnen wiederbelebt. Bei jedem Zunftausflug wird mit Murmeln gespielt und um den Titel des «Ribblingkönigs» gewetteifert.

Die bunte Zunft aus dem «Scherbenviertel»

Die «Scherbenzunft Freiburg» entstand im Stadtteil Stühlinger

Der Stadtteil Stühlinger ist schon seit langem in Freiburg mit dem Necknamen «Scherbenviertel» belegt. Woher dieser Name letztlich kommt, ist nicht mehr feststellbar. So soll es dort einerseits einmal einen reichen Apotheker mit dem Namen «Scherb» gegeben haben, der viele Häuser sein eigen nannte. Andere vertreten die Meinung, es sei der Name eines Wirtes, in dessen Lokal sich die Stühlinger Bürger und die Studenten gerne trafen, da er eine besonders lange «Polizeistunde» hatte. Auf dem großen Narrenfell, das 1939 alle in Freiburg existierenden Narrennester verzeichnete, ist im Stadtteil Stühlinger bereits eine «Scherbenzunft» zu finden. Über ihre damaligen Aktivitäten ist nichts mehr bekannt, sie scheint 1951 endgültig erloschen zu sein.

Ein lachendes Gesicht zeigt die Maske der «Scherbe», deren Ursprung im Stühlinger liegt.

Als sich 1975 wieder einige Narren zur Neugründung einer Zunft im Stühlinger zusammenfanden, griff man einen Vorschlag des späteren VON-Narrenmeisters Paul Teike auf, die ehemalige Namensgebung zu übernehmen, obwohl, wie bei fast allen Zünften heutzutage, nur noch wenige Mitglieder aus dem ursprünglichen Gründerstadtteil kamen. Mit dem neuen Narrenruf «Was gibt's bei uns zu erbe? ... Scherbe!» trat dann erstmals an der Fasnet 1976 die neue Narrengruppe, allerdings noch ohne das spätere Häs, in Erscheinung.

Nach einem Entwurf von Richard Fahr schnitzte der Elzacher Holzbildhauer Konrad Wernet eine freundliche Jungmännermaske mit langer Nase und dicken Pausbacken. Da, wie ein Sprichwort sagt, einem Narren «das Lachen und Weinen gleich weit entfernt sei», zeigt der Oberkiefer eine Reihe von lachenden weißen Zähnen, während der Unterkiefer zu einer «Lätsch» verzogen ist. Das Häs besteht aus Jacke und Hose, die mit vielfach gezackten quadratischen Stofffleckle in den Farben grün, weiß, rot und gelb benäht sind. In Ihrer Form erinnern sie an die mit dem «Rädle» aus dünn ausgerolltem Teig geschnittenen Fasnetsküchle, die man ebenfalls als «Scherben» bezeichnet. Auch die Kopfhaube, die die Maske umschließt, ist mit bunten Stoffscherben versehen. Zu diesem typischen alemannischen Flecklehäs wird ein breiter Ledergürtel mit den Zunftinsignien getragen. In der Hand halten die Narren einen Leuchtstab, der mit bunten Glasscherben, ähnlich einem Kaleidoskop, gefüllt ist. An Fasnet 1977 zeigte sich die neue Zunft erstmals im bunten Häs. Die Aufnahme in die BNZ folgte am 11.11.1979. Zunftlokal der Scherbe ist seit 1985 die Gaststätte «Weststadion».

Nachts geistert es auf dem «Schlozzi»
Die «Schloßberggeister» sind eine jüngere Zunft

Der Schloßberg, Freiburgs Hausberg, ist eng mit dem Schicksal der Stadt verbunden. Nicht nur, weil dort bereits zu Zeiten der Stadtgründung die Herzöge von Zähringen ihr Burghaldenschloß erbauten, sondern auch wegen der heftigen Kämpfe zwischen Habsburg und Frankreich in der Folge des 30jährigen Krieges. Die beiden verfeindeten Großmächte überboten sich im 17. und 18. Jahrhundert in der Befestigung des strategisch wichtigen Bergrückens über der Stadt, vor allem nachdem Freiburg 1677 von Ludwig XIV. erobert worden war und durch seinen Ingenieur-Architekten Vauban zur Festung ausgebaut wurde. Heute zeugen nur noch wenige Überreste von der damaligen dreiteiligen Anlage der «Schlösser». Der «Schlozzi», wie die Freiburger ihr nahe gelegenes Sonntagsziel mit dem neuen Turm als Aussichtspunkt liebevoll nennen, dient heute der Erholung und dem schönen Ausblick auf Stadt und Landschaft.

An diesem Ort siedelte eine närrische Gruppe, die sich 1979 zusammenfand, ihre Fasnetfigur an. Als «Schloßberggeister» rumoren sie seither an der Fasnet durch Freiburgs Straßen und Gassen, während ihre mystischen Vorbilder angeblich noch immer des Nachts den Schloßberg unsicher machen. Richard Fahr entwarf auch hier Häs und Maske. Diese besitzt ein recht dämonisches Aussehen mit einem grünlich gefärbten, grinsenden Männergesicht mit einigen Stummelzähnen im aufgerissenen Maul und stark zerfurchter Stirn, aus der zwei rote Teufelshörnchen schlüpfen. Das farbenfrohe Flecklehäs ist in den jahreszeitlich wechselnden Farben des Laubwaldes am Schloßberg gehalten. Die Fleckle sind darum auch in der Form von großen Baumblättern gestaltet. Um die Hüfte wird ein breiter Ledergürtel getragen, auf dessen Vorderseite der silberne Hausorden mit einer Darstellung des mittelalterlichen Burghaldenschlosses angebracht ist. In der Hand halten die «Schloßberggeister» als Lärmwerkzeug einen Schellenbengel. Am 11.11.1994 wurden die «Schloßberggeister» als Narrennest offiziell in die BNZ aufgenommen.

Eine grinsende Dämonenmaske mit kleinen Teufelshörnchen tragen die «Schloßberggeister».

Die Narren mit der hölzernen Halbmaske

Am Mooswald haben die «Schnogedätscher» den stechenden Plagegeistern den Kampf angesagt

In den Anfangsjahren trugen die «Schnogedätscher» ein gelb-grünes Samthäs.

Die Gründung der Zunft geht auf das Jahr 1938 zurück. Damals war die Siedlergemeinschaft am Rande des Mooswaldes dem Ruf des noch jungen Dachverbandes der BNZ gefolgt und hatte sich weit im Westen der Stadt zu einer Narrenzunft zusammengefunden. Schwierig gestaltete sich am Anfang die Namenssuche, die sich vom wohl nicht ganz so ernst gemeinten «Gartenhagbrunzer» (brunzen = pinkeln) schnell in «Gartenhagpfuser» (pfusen = dösen) wandelte. Nur zwei Jahre waren dem närri-

schen Treiben im aufstrebenden Wohngebiet vergönnt, bis der Ausbruch des Zweiten Weltkrieges die Fastnacht zum Erliegen brachte.

Bereits am 11.11.1948 fanden sich die alten Narren wieder zusammen und beschlossen, fortan unter dem Namen «Mooswald-Schnogedätscher» an der Fasnet aufzutreten. Es war ja schließlich der Hauptkampf im neuen Siedlungsgebiet, sich der stechwütigen Schnaken aus dem nahe gelegenen, früheren Auenwald zu erwehren. Das erste Narrengewand bestand aus einem gelb-grünen Samthäs mit einer stilisierten Hand und einer mit langen Zipfeln und Schellen verzierten Haube. Das Häs wurde, wie die in der alemannischen Fasnet einzigartige holzgeschnitzte Halbmaske mit ihrer hakenförmigen Rüsselnase, von Kunstmaler Robert Sperlich entworfen. In der Hand tragen die Narren eine rote Fliegenklatsche, mit der das lästige Ungeziefer, aber auch alle Griesgrame und Miesmacher in der Narrenzeit «gedätscht» (erschlagen) werden. Den aus Metall ausgesägten schönen Hausorden mit dem Abbild einer Schnake schuf der damalige Zunftvogt, Glasmaler Emil Böcherer. Da die Stoffbeschaffung immer schwieriger wurde, ging

Eine selten zu findende Halbmaske aus Holz tragen die Narren der «Mooswald-Schnogedätscher».

man in den 1970er-Jahren auf ein Flecklehäs über, das mit vielen gelben und grünen ziegelförmigen Filzfleckle benäht ist und noch immer die stilisierte, fünffingrige Hand in grün auf gelbem Grund zeigt.

Die «Schnogedätscher», die ihr altes Domizil im Gemeinschaftshaus der Siedlung verloren hatten, fanden 1950 im neu eröffneten Gasthaus «Schnogeloch» ein langjähriges Zunftlokal. Als erste Narrenzunft in Freiburg führten sie schon im Jahr 1961 das Narrenbaumstellen am «Schmutzige Dunschdig» vor dem Zunftlokal ein.

«Waschechte» Indianer in der alemannischen Fasnet?
Die «Sioux» aus Freiburg-West

Seit der Zeit, als Karl May mit seinen – ab 1891 im Verlag von Friedrich Ernst Fehsenfeld in Freiburg verlegten – Abenteuerbüchern um den edlen Apachen-Häuptling Winnetou insbesondere den Deutschen den «Wilden Westen» näher brachte, war neben «Räuber- und Gendarm» das «Cowboy- und Indianer»-Spielen die beliebteste Freizeitbeschäftigung der kleinen Buben. Sich an Fastnacht neben Clown, Prinzessin und Hexe auch als Indianer oder Cowboy zu verkleiden, war gang und gäbe. Eine Gruppe Jugendlicher im Freiburger Westen, keiner älter als 15 Jahre, hatte 1953 die Idee, einen Indianer-Club zu gründen. Um bei der Bevölkerung bekannt zu werden, nahmen die «Mooswald-Indianer» – so der selbstgewählte Name – am Rosenmontagsumzug teil, wo sie auf große Begeisterung und Zustimmung stießen.

Da die BNZ jedoch die Mitgliedschaft einer nur aus Jugendlichen bestehenden Zunft ausschloß, schlug sie vor, die Gruppe solle sich den «Schnogedätschern» angliedern. Dagegen wehrten sich die Jugendlichen und baten deshalb Walter Winkler, sich als Erwachsener für ihr Anliegen einzusetzen. So kam es am 1. August 1954 zur Gründung einer Narrenzunft mit gleichzeitigem Antrag auf Aufnahme in die BNZ, die im Januar 1957 erfolgte. Da gegen die Bezeichnung «Mooswald-Indianer» die «Schnogedätscher» Einspruch erhoben, wählte man den Namen der in den damaligen Westernfilmen häufig anzutreffenden nomadisch lebenden Sioux-Prärieindianer als Vereinsnamen. Beim Umzug 1955 war die Gruppe erstmals als «Sioux-West» dabei.

Viel Arbeit und Liebe zum Detail wird in die Kleidung aus Hirschleder, den Federschmuck und die Gesichtsbemalung, die Waffen und Musikinstrumente investiert, die nach originalgetreuen Vorlagen selbst angefertigt werden. Jedes Indianerkostüm ist ein wertvolles Unikat. Neben der Teilnahme an der Fasnet hat sich die Zunft die ethnologisch fundierte Dokumentation des Lebens und der Bräuche der Sioux-Lakota-Indianer sowie aller Gruppen, die an der Besiedlung und Kolonisierung Nordamerikas zwischen 1790 und 1890 beteiligt waren, zum Ziel gesetzt. Inzwischen gehört auch eine Hillbilly-Tanzgruppe zur Zunft, deren Erscheinungsbild jener Zeit angeglichen ist. Die «Sioux-West» sind deshalb auch in der «Westernunion Freiburg» und im «Deutschen Westernbund» aktiv.

Das Brauchtum der amerikanischen Ureinwohner präsentieren an der Fasnet die «Sioux-West».

Anlässlich des Freiburger Stadtjubiläums 1970 bauten die «Sioux-West» zusammen mit der «Westernunion» im Mooswald am Wolfsbuck die Westernstadt «Abilene» auf. Eine Woche lang wurden dort Rodeos und Indianertänze aufgeführt. 1971 diente die Westernstadt als Treffpunkt für das Council des «Deutschen Westernbundes». 1972 konnte die am Wolfsbuck gelegene «Ranch» nach dreijähriger Umbauzeit als Vereinsheim der «Sioux-West» eingeweiht werden.

Als Narrenzunft sind die «Sioux-West» in der Freiburger Fasnet voll integriert und überall gerne gesehen. Ihre Auftritte gehören seit Jahrzehnten zu den Höhepunkten der BNZ-Kinderbälle, und ihr farbenprächtiges Aussehen ist eine Bereicherung der Fasnetmendig-Umzüge.

«Im Schwarzwald, da rauschen die Tannen»

Die «Schwarzwälder Tannenzapfen» haben ein Plastik-Häs

Die «Schwarzwälder Tannenzapfen» zeigen sich beschuppt wie ihr natürliches Vorbild.

Freiburg, die «Perle des Breisgau», gilt als die Hauptstadt des südlichen Schwarzwaldes. Als deshalb in den 1950er Jahren eine Welle von Neugründungen in der Freiburger Narrenszene anstand, war es nur natürlich, daß man sich auch nach einer Narrenfigur umsah, die diese Aussage bekräftigen konnte. Franz Deufel, der viele Jahre die Urkunden und Orden der BNZ gestaltet hatte, schuf ein Häs mit Maske, das den «Tannenzapfe» als Symbol des Schwarzwaldes verkörpern sollte. Zwar gab es in St. Georgen im Schwarzwald schon das «Fohrebibbili» und in Menzenschwand die «Tannenzäpfle» als Narrenzünfte, doch für Freiburg war die 1955 gegründete neue Narrengruppe durchaus eine Bereicherung, so daß man sie zunächst als Anwärter und 1966 als neues Narrennest in die BNZ aufnahm.

Während die Hose der Narren aus grünen Filzfleckle besteht und sich an das dunkle Grün der Tannenwälder anlehnt, benäht man die Jacken mit braunen, ziegelförmigen Plastikplättchen, die die Schuppen eines Tannenzapfens darstellen. Beim Herumtollen der Narren erzeugen die Plastikschuppen einen scheppernden, recht eigenartigen Klang. Die Verwendung moderner Werkstoffe und Materialien bei der Herstellung von «Fasnethäsern» ist durchaus verbreitet, wenn auch manche konservative «Brauchtumshüter» damit ihre Probleme haben.

Die Holzmasken der «Tannenzapfen» zeigten in den ersten Jahren unterschiedliche Männergesichter mit roten Pausbacken, dicken Augenbrauen und dem verschmitzten Grinsen des «Wälders». Seit 1973 werden die Masken nach einem Entwurf von Fritz Lang aus Elzach einheitlich geschnitzt, so daß nur noch wenige der «Urtypen» auf der Straße zu sehen sind. Ein großer echter Kiefernzapfen auf der Narrenhaube und am Schellenbengel stellt die Verbindung zur lebendigen Natur her. Die Füße der «Tannenzapfen» stecken natürlich in geflochtenen Schwarzwälder «Strohfinken». Als Lärmwerkzeug tragen die Narren um den Hals kleine Kuh- und Ziegenglocken, die an das zahlreich weidende Schwarzwaldvieh erinnern sollen.

Über viele Jahre haben die «Schwarzwälder Tannenzapfen» aufwendig gestaltete und aussagekräftige Umzugswagen beim Fasnetmendigumzug in der Innenstadt mitgeführt.

Derzeit bekleidet der langjährige Zunft- und Oberzunftvogt der «Tannenzapfen», Dieter Niederberger, das höchste Amt der BNZ: seit dem Jahr 2000 steht er als Oberzunftmeister an der Spitze der Freiburger Narren.

Wie aus Stroh Gold wurde

Die Zunft der «Tiengener Erdmännle» hat ihre Narrenfigur einer örtlichen Sage entnommen

Mit der Eingemeindung im Jahre 1973 wurde das Spargel- und Weindorf Tiengen am Fuße des Tunibergs Stadtteil von Freiburg. Auch dort regten sich bald die närrischen Geister. Werner Krug hatte 1974 die Idee, wurde zunächst belächelt, fand dann aber bei zahlreichen Bürgern Zuspruch, und so wurden am 29. Juni 1975 im Gasthaus «Anker» die «Tiengener Erdmännle» gegründet. Schon am 11.11. stellte sich die neue Narrenzunft in der Freiburger Stadthalle den Narren der BNZ vor.

Die Gestalt entlehnte man einer örtlichen Sage: Am Geißenrain, außerhalb Tiengens, sollen in frühen Zeiten in unterirdischen Höhlen die «Erdmännle» gehaust haben. Zwei Frauen aus Tiengen «warteten ihnen auf» und arbeiteten für sie in der Spinnstube. Als dort die Arbeit ausging, entließen die kleinwüchsigen Höhlenbewohner die Frauen und gaben ihnen zum Abschied je ein Bündel Stroh als Belohnung mit. Während die eine Tiengemerin das Stroh gewissenhaft nach Hause trug, warf die andere es enttäuscht über den geringen Lohn nach und nach aus dem Schurz. Zu spät hörte sie auf die Stimme, die aus dem Untergrund rief. «Je meh' de wegwirf'sch, je weniger als de hesch!», denn als die beiden Frauen im Dorf ankamen, hatte sich das Stroh in reines Gold verwandelt. So wurde die eine reich, der anderen aber blieb nur der leere Schurz.

Die Holzmaske des «Erdmännle» zeigt ein verschmitzt lachendes Altmännergesicht. Wirre Haare fallen in die mit Falten bedeckte Stirn. Buschige Augenbrauen, eine große rote Knollennase, auf der linken Backe eine Warze, im lachenden Mund ein einzelner Zahn und unter dem Kinn ein krauser Bart vervollständigen das geschnitzte Narrengesicht. Eine braune Stoffhaube bedeckt den Kopf, darunter wird eine weite Jacke aus langhaarigem weißem Schaffell getragen. Ein breiter Gürtel, eine dunkelbraune Cordhose und derbe Schuhe gehören ebenfalls zum Narrenhäs. In der Hand trägt das «Erdmännle» einen bunten aufgespannten Schirm in den Farben rot, grün, gelb und blau, der am Griff mit Narrenschellen besetzt ist.

Als Einzelfiguren ohne Maske gesellen sich zu den Höhlenkobolden die beiden Spinnerinnen. Sie tragen ein langes braunes Cordkleid mit Mieder und hellbraunem Pullover. Eine buntgeblümte Schürze und ein Kopftuch aus dem gleichen Stoff ergänzen das Kostüm. In der Hand halten die Frauen ein Strohbüschel und teilen aus einem geflochtenen Weidenkorb Goldtaler aus.

Zur Fasnet in Tiengen wird ein Narrenbaum gestellt. Mehrfach wird dabei auch der Narrentanz der «Erdmännle» aufgeführt, der den Inhalt der Sage spielerisch nacherzählt.

Ein verschmitzt lachendes Altmännergesicht zeigt die Maske des «Tiengener Erdmännle».

1990 beschlossen rund zwanzig «couragierte Wiiber», die sich regelmäßig in der Zunftstube an der Turmstraße trafen, eine ausschließlich Frauen vorbehaltene Narrenzunft zu gründen. Sie sollte ein Pendant zu den beiden reinen Männerzünften in Freiburg, den «Fasnetrufern» und den «Herdermer Lalli», sein.

Die Närrinnen fanden auch einen passenden historischen Hintergrund für den Namen ihrer Zunft: Den sogenannten «Weiberkrieg», eine in den Ratsprotokollen der Stadt dokumentierte wahre Begebenheit, die sich im vorderösterreichischen Freiburg zugetragen hat. Martin Imbery und Peter Jehle, zwei zünftige Freiburger Mehlgrempler (Mehl- und Getreidehändler), hatten im Februar 1756 auf dem Weg nach Heuweiler im markgräflich-badischen Ausland einem Hasen hinterhergejagt. Obwohl nur mit Stöcken «bewaffnet» wurden sie von Markgräfler Bauern beschossen. Jehle bekam sogar eine Ladung Schrot ab, es gelang den beiden aber, nach Freiburg zu fliehen. Die badischen Behörden in Emmendingen forderten daraufhin die Auslieferung der mutmaßlichen Wilderer.

Der Freiburger Kreishauptmann Graf Schauenburg forderte die beiden Übeltäter auf, sich der badischen Justiz zu stellen, um die gutnachbarlichen Beziehungen nicht zu gefährden. Obwohl ihnen nur eine milde Strafe drohte, weigerten sich die beiden. Am 16. August 1757 – mehr als anderthalb Jahre nach der Tat – wurden sie gefangen genommen und in den Stadtturm an der Turmstraße (hinter der Gerichtslaube) gesperrt. Angesichts der drohenden Auslieferung und der befürchteten «schrecklichen Peinigungen der Lutheraner» lief Jehles schwangere Frau Brigitta laut jammernd durch die Straßen. Hunderte von aufgebrachten Bürgern und Studenten zogen vor das Rathaus und forderten die Freilassung der Inhaftierten. Mit Bengeln, Heugabeln und Äxten machte sich am Abend eine von den Frauen angeführte kampfeslustige Schar auf den Weg, «erbrach» schließlich den Turm und befreite Jehle und Imbery. Noch heute kann man sich diese Szene auf einem großen Wandgemälde im Gasthaus «Kleiner Meyerhof» anschauen, der sich gegenüber der Stelle befindet, wo einst der Gefängnisturm stand. Der Aufruhr legte sich nach einigen Tagen.

Nur Frauen befinden sich unter den Holzmasken der «Freiburger Turmsträßlerinnen».

Der folgende Prozess brachte den beteiligten Frauen relativ milde Strafen, für den in Freiburg äußerst unbeliebten Kreishauptmann bedeutete der «Weiberkrieg» jedoch einen Gesichtsverlust und führte mit weiteren Kritikpunkten zu seiner Absetzung.

Das Häs der «Turmsträßlerinnen» ist historischer Frauenkleidung aus der damaligen Zeit nachempfunden. Sie tragen Gewänder mit weiter weißer Bluse, geschnürtem Mieder und wallendem braunem Rock über mehreren weißen Unterröcken und einer langen weiße Unterhose mit Rüschen. Vorgebunden ist ein Schurz. An ihrem Gürtel ist ein großer Bund mit Schlüsseln befestigt. Die geschnitzten Holzmasken zeigen unterschiedliche, jüngere und ältere Frauengesichter, entsprechend den darunter befindlichen Hästrägerinnen. Als Requisit tragen sie einen geflochtenen Weidenkorb, aus dem Süßigkeiten verteilt werden.

Schon mehrfach haben die Turmsträßlerinnen bei Fernsehproduktionen mitgewirkt, unter anderem stellten sie für den SWR den «Weiberkrieg» nach und waren 1998 an einem großen Spielfilm über die Revolution von 1848 beteiligt.

An der Fasnet stechen die Wiehremer Narren in See
Die «Waldseematrosen» gibt es schon seit über 100 Jahren

Ein beliebter Naherholungsort für die Freiburger Bürger ist seit über 100 Jahren der «Waldsee» im Möslepark. Hier kann man sich noch heute mit dem Ruderboot auf dem von Bäumen umgebenen Wasser vergnügen. Dampfer kann man auf dem kleinen, künstlich geschaffenen Gewässer allerdings nicht finden, wohl aber eine Truppe von fidelen Matrosen, die schon seit über einem Jahrhundert fastnächtliche Aktivitäten entfalten.

Am großen Karnevalsumzug des Jahres 1901 waren Vereine aus der Wiehre mit zwei Umzugswagen beteiligt. Der «Männergesangverein Nägelesee» stellte mit einem Wagen den «Walfischfang im Nägelesee» und der Lokalverein die «Schiffahrt auf dem Dreisam-Rheinkanal» dar. Begleitet wurden beide Wagen von Matrosen zu Pferd und zu Fuß, deren Kostüm dem heutigen Matrosenhäs nicht unähnlich war. Auch in den folgenden Jahren waren die Matrosen auf fastnächtlichen Veranstaltungen im Saalbau Wiehre, im «Schützen» und in der «Gambrinus-Halle» anzutreffen. Nach der Gründung der BNZ 1934 wurde der Sänger Rudi Keller vom MGV Nägelesee gebeten, seine Sangesbrüder zur Gründung einer ortsteilbezogenen Narrenzunft

zu bewegen. 1935 einigte man sich auf den Namen «Waldseematrosen», und zur Fasnet 1936 beteiligte sich ein Dutzend jüngerer Sänger am Rosenmontagsumzug und richtete in der Oberwiehre eigene Fastnachtsveranstaltungen aus. Schnell war die neue Zunft in die BNZ aufgenommen. Voraussetzung für die Mitgliedschaft in der rasch wachsenden Schar der «Waldseematrosen» blieb die Mitgliedschaft im «MGV Nägelesee». Beim Wiederaufbau der Fasnet nach dem Zweiten Weltkrieg im Jahre 1951 mußte das Schifflein der Waldseematrosen neu vom Stapel gelassen werden. 1954 löste sich die Zunft endgültig aus dem Männergesangverein, der inzwischen erloschen ist.

Die Aktiven der Zunft, zu denen heute auch Frauen gehören, tragen noch immer das kaum veränderte Kostüm der Gründerzeit: schwarze Hose und himmelblaue Matrosenbluse mit weiß abgesetztem Kragen. Auf dem Kopf darf die typische Matrosenmütze mit schwarzem Rand und rotem «Bommel» nicht fehlen. Bewusst hat sich die Gruppe dagegen entschieden, eine der im alemannischen Fasnetbrauch üblichen Holzmasken zu tragen. Sie wollen auch weiterhin ihr «wahres» Gesicht, manchmal mit einem kräftigen Seemannsbart umrahmt, in der närrischen Zeit zur Schau stellen.

Beim Umzug wird heute das zum 80. Jubiläum der Zunft 1981 in Erinnerung an den Umzug 1901 mit viel Eigenarbeit erbaute, große Matrosenschiff «Minerva» mitgeführt, das von vier Kaltblutpferden der Freiburger Privatbrauerei Ganter gezogen wird. Zunftlokal ist der «Schwarzwaldblick», größere Veranstaltungen finden im Maria-Hilf-Saal statt. Auch unter dem Jahr trifft man sich öfters zu geselligen Ver-

anstaltungen. Besonders beliebt sind die Aufenthalte und Hocks auf dem «Lorenzehäusle», einem von den Mitgliedern umgebauten Leibgedinghaus im oberen Wagensteigtal (Griesdobel). Mit ihrem langjährigen «Kapitän», Werner Nageleisen, stellte Freiburgs ältestes Narrennest einen BNZ-Oberzunftmeister, der der Freiburger Fasnet in den 1980er Jahren entscheidende Impulse gab.

Die «Waldseematrosen» auf der Brücke über den Waldsee.

Die lustigen Spättlehansel aus dem Freiburger Westen

Die «Freiburger Westhansele» sind Freiburgs größte Hästrägergruppe

Farbig bunt, wie der sehnlich erwartete Frühling, ist das Spättlehäs der «Freiburger Westhansele».

Die ständig steigende Bevölkerungs-
zahl in der «Mooswaldsiedlung», später im Sprachgebrauch als «Freiburg-

West» bezeichnet, ließ in den frühen
1950er Jahren die Zeit reif erscheinen,
neben den «Schnogedätschern» eine

weite Narrenzunft jenseits der Bahnlinie zu gründen. So beschlossen 1953 einige junge Leute, angeführt von Margot und Werner Volk, ein Narrennest ins Leben zu rufen. Im Gegensatz zu den meist einfarbigen Filzfleckle anderer Narrenfiguren wollte man sich ein «Lumpenhäs» aus bunt gemusterten Stoffresten zulegen, was sich jedoch als verschleißanfällig erwies, denn die Fleckle waren zu leicht und fransten aus. So nähte man jeweils zwei Stoffstücke zusammen und wendete sie. Mehrere hundert dieser dachziegelförmigen «Spättle» müssen auf Hose, Jakke und Haube aufgebracht werden. Die von dem in «Freiburg-West» lebenden Bildhauer Karl Rißler gestaltete Holzmaske zeigt ein lachendes Narrengesicht in individualisierter Ausprägung mit großer Hakennase und gefurchter Stirn. Zunächst wurden die Masken farbig gefasst, später kehrte man zum lasierten Holzton zurück. Als Lärmwerkzeug tragen die «Hansele» einen Schellenbengel mit 25 Glöckchen. Auch am Häs sind zahlreiche Schellen befestigt.

Schwierig war die Namensfindung. Man kombinierte schließlich den in der alemannischen Fasnet weit verbreiteten Narrennamen «Hansele» mit der Heimat der Zunft und wählte die Bezeichnung «Freiburger Westhansele». Unter dem späteren Oberzunftvogt

Gerhard Laub entwickelte sich die seit dem 11.11.1955 in der BNZ beheimatete Zunft zum Narrennest mit den meisten Aktiven. Seit Anbeginn ist die «Mooswaldbierstube» das Zunftlokal.

Die «Westhansele» verfügten seit 1970 über eine eigene Narrenmusik, indem sie zur Fasnet die Musiker des MV Harmonie Horben ins Narrenhäs steckten. Leider ist diese Tradition im Jahr 2006 zu Ende gegangen, da die Horbener inzwischen eine eigene Narrenzunft gegründet haben.

Mitglieder der Zunft der «Westhansele» bekleideten und bekleiden auch heute noch wichtige Ämter in der BNZ und im Verband Oberrheinischer Narrenzünfte. Zusammen mit Heinz Krißmann (Fasnetrufer) zählten Gerhard und Helmut Laub als Gesangstrio viele Jahre zu den Spitzennummern der Kappensitzungen. Nach wie vor pflegt die Zunft neben ihrem Engagement in der BNZ in ihrem Stadtteil schöne eigenständige Fasneteröffnungs- und Beerdigungsbräuche und führt auch einen eigenen Narrentanz auf.

Für Blitz und Donner zuständig

In Betzenhausen beherrschen die «Wetterhexen» Sturm und Wind

Eine der häufigsten Narrenfiguren in der alemannischen Fasnet ist seit über 60 Jahren die Hexe. So ist es auch nicht verwunderlich, daß sich in Freiburg inzwischen mehrere Zünfte dieses Narrenhäs zugelegt haben.

Am Fasnetsunndig 1988 wurde anlässlich eines Lumpenballs im Gasthaus «Zur Armbrust» beim Waldsee die Idee für eine neue Narrenzunft geboren. Man entschied sich für eine Hexenzunft, die dann am 4. März gegründet wurde. Der Name «Wetterhexen» wurde nach dem Studium von alten Ratsprotokollen im Stadtarchiv gefunden. Unter anderem wird dort 1546 von der armen Besenbinderin Anna Schweizerin berichtet, die angeklagt wurde, sie habe mit Hilfe des Teufels Unwetter und Hagel heraufbeschworen. Am Martinstor erinnert seit einigen Jahren eine Gedenktafel an die bei der Hexenverfolgung ums Leben gebrachten Frauen, weshalb die «Wetterhexen» das Tor neben dem Wappen der Stadt in ihr Zunftemblem aufgenommen haben.

Bildhauer Gerhard Rieder in Kenzingen entwarf die groteske Holzmaske, bei der wirre Rosshaare ins warzenbesetzte Gesicht fallen. Ein Gebiss aus sieben Zähnen, an denen jeder Zahnarzt seine Freude hätte, vervollständigt

den abstrusen Eindruck, ebenso die tief eingefallenen Augen mit dunklen Rändern. Das Häs selbst entspricht als Lumpenhäs den üblichen Hexenkostümen und unterscheidet sich stark vom Kostüm der «Freiburger Hexen». Es besteht aus rotem Kopftuch, ockerfarbenem Schultertuch mit aufgedrucktem Emblem, schwarzem Rock und Bluse – allesamt Farben, die das Wetter versinnbildlichen sollen: rot für die Sonne, ockergelb für den Blitz und schwarz für die Gewitterwolken. Darüber wird ein roter Schurz mit bunten Stoffflicken getragen. Unter dem Rock lugen weiße Rüschenunterhosen hervor, darunter Ringelsocken und Strohschuhe. Als Requisit führen die Wetterhexen einen krummstieligen Reisigbesen mit.

Angeführt werden die «Wetterhexen» von zwei Teufelsgestalten mit ebenfalls von Gerhard Rieder entworfenen, gehörnten und zähnebleckenden Masken. Für diese «Hexenmeister» wurde zunächst ein schwarzrotes Samthäs mit flammengeschmücktem Umhang entworfen, das dann 1989 zu einem Flecklehäs umgestaltet wurde. Auch die Teufel tragen Strohschuhe und sind mit hölzernen, dreizinkigen Gabeln ausgestattet.

Die «Wetterhexen» beteiligten sich von Anfang an Veranstaltungen in Freiburg und suchten den Kontakt zur offiziellen Fastnacht. Nach einer Anwartschaftszeit wurden sie am 11.11.2000 in die BNZ aufgenommen. Heute ist die junge Narrenzunft über die Fasnettage vor allem im Ortsteil Betzenhausen zu finden.

Recht abschreckend und abstrus sind die Masken der «Wetterhexen» und der sie begleitenden Teufel.

In Littenweiler wird so manches Närrische aus dem Boden gewühlt
Die «Wühlmäuse Littenweiler» gehören zu den Tierfiguren

Schon an der Fasnet 1948 war die Narrengilde Littenweiler gegründet worden, hatte Kontakt zur BNZ geknüpft und wurde am 10. April als Mitglied aufgenommen. Über die Namensvorschläge «Eichberger Eulengilde» und «Kuh-W-Adel» (Kuhwedel) kam man schließlich auf den heutigen Zunftnamen und die Narrenfigur: Zu der vor dem Zweiten Weltkrieg gegründeten Katzenzunft der Miau trat nun als Pendant eine Mäusezunft. Da die Littenweilermer Narren dabei daran dachten, auch in den nicht ans Licht gelangten «Narreteien» zu «wühlen» und sie unter dem Tisch hervorzukehren, gaben sie sich den Namen «Wühlmäuse».

Die «Wühlmäuse» zeigen sich in einem in verschiedenen Braun- und Grautönen gehaltenen, mit spitz zulaufenden Fleckle benähten Häs, das mit 30 Glocken besetzt ist. Über den Schultern wird ein roter, sternförmiger Kragen getragen. Am Hosenboden ist ein langer schwarzer Stoffschwanz mit roter Quaste befestigt. Die Kopfhaube ist rot und hat zwei kleine Mäuseohren. Die glatt geschliffene und grau gefasste Holzmaske zeigt ein typisches pausbäckiges Mäusegesicht mit großen roten Augen und zwei weißen vorstehenden Nagezähnen. Der Schnurrbart, früher aus Rosshaar, ist heute meist aus schwarzen Wollfäden gefertigt. In der Hand tragen die Mäuse einen roten Wollwedel, seit 1984 verstärkt auch wieder große, rote Streckscheren, mit denen sie geschickt umgehen können und schon so mancher Kopfbedeckung zu einem neuen Besitzer verholfen haben.

Früher war die «Krone» in Littenweiler das Zunftlokal, heute finden die ortsbezogenen Veranstaltungen, darunter auch ein Kinderfest, meist im dortigen Bürgersaal (alte Pfarrkirche) statt.

An der Fasnet «wühlen» in Littenweiler die Mäuse manch Närrisches an das Tageslicht.

Der Schalksnarr mit den badischen Farben
Die «Zähringer Burgnarren» erinnern an die Gründer Freiburgs

Die Herzöge von Zähringen gründeten 1091 die Stadt Freiburg und 1120 den Markt. Ihren Namen trug die Adelsfamilie nach der Burg Zähringen oberhalb des gleichnamigen Dorfes, die beide viel älter sind als die Stadt. Ob auch ein Hofnarr bei den Zähringern sein närrisches Unwesen und seine Späße getrieben hat, ist nicht überliefert.

Eine Gruppe von tischtennisbegeisterten jungen Zähringer Burschen entschloss sich 1954, das Narrennest der «Zähringer Burgnarren» zu gründen. 1955 wurde die Zunft in die BNZ aufgenommen. Gerhard «Hardi» Filsinger entwarf 1956 das Häs, ein typisches Standard-Narrengewand mit Hörnerkappe, breitem Kragen und Schnabelschuhen. Das Narrenkleid besteht aus einer gezaddelten Cordbluse und Strumpfhose. Die badischen Farben rot-gold (gelb) sind im Farbwechsel als so genanntes Mi-Parti angeordnet. Gelb und Rot sind allerdings schon beim spätmittelalterlichen Standardnarren die üblichen Farben und sind dort negativ gemeint, denn Gelb und Rot sind auch die Farben der Huren und der Juden. Die Spitzen der Zaddeln an Bluse und Kragen und die Enden der Hörner sind mit vielen kleinen

Narrenschellen besetzt. Dazu werden aufwendig hergestellte Schnabelschuhe getragen. Auf dem breiten Ledergürtel ist die Zähringer Burg abgebildet.

Die ebenfalls von Hardi Filsinger entworfene Maske kam 1960 hinzu und zeigt ein stilisiertes Bubengesicht mit Stupsnase und schmalen, listigen Augenschlitzen. Die ersten Exemplare schnitzte der Kirchzartener Bildhauer Gerhard von Ruckteschell. Eine «Marotte», das der Selbstbespiegelung dienende, mit Schellen besetzte Narrenzepter mit dem geschnitzten Gesicht des Narren, tragen die «Burgnarren» erst seit 1985. Die volkskundliche Ausstellung «Narren, Schellen und Marotten», die im Jahr zuvor in der Freiburger Universitätsbibliothek zu sehen gewesen war, hatte die «Burgnarren» zu dieser sinnvollen Ergänzung des Häs inspiriert.

Bis 1963 führten die Burgnarren ihre Veranstaltungen gemeinsam mit der historischen Zähringer Gruppe des «Burggrafen» im Gasthaus «Zähringer Burg» durch, seither vertreten sie die Fastnacht im Stadtteil eigenständig. Zur zünftigen Dorffasnet gehören natürlich Ausgrabung und Verbrennung auf dem «Platz der Zähringer», vor al-

Ganz in der Art eines mittelalterlichen Standardnarren zeigt sich das Narrengewand der «Zähringer Burgnarren».

lem aber die beliebte und von viel örtlicher Prominenz «heimgesuchte» Narrensuppe mit humoristischem Programm am Fasnetsamstag im Waldrestaurant «Zähringer Burgruine». Die «Burgnarren» nehmen an der Strooßefasnet und am Umzug in der Innenstadt teil und sind ansonsten in vielen Lokalen zum «Schnurren» unterwegs.

Oberzunftmeister der BNZ

Harry Schäfer	1934 – 1936
Friedrich Roth	1936 – 1940
Willy Jäger	1940 – 1970
Heinz H. Grosholz	1970 – 1979
Werner Nageleisen	1979 – 1986
Roland B. Schneble	1986 – 2000
Dieter Niederberger	seit 2000

Der Ablauf der Fasnet in Freiburg

Symbolfigur der Freiburger Fasnet: der Münsternarr (Markus Weber).

Traditionell beginnt die Freiburger Fasnet am 11.11., an dem sich allerdings im Unterschied zum rheinischen Karneval die Narren noch nicht im Häs auf der Straße zeigen. Morgens bringen die Fasnetrufer in Zivil mit ihrer «Schwänzlekapp'» auf dem Kopf ein Faß Bier vor das Rathaus und lassen durch einen Vertreter der Stadt das erste «Narrenbier» anzapfen. Am Abend versammeln sich die Freiburger Narrenzünfte mit Gästen (früher in der Stadthalle, heute im Bürgerhaus Zähringen). Je ein Vertreter der Zünfte holt im Häs das Licht ab, das der Laternenanzünder entfacht hat. Der Münsternarr verkündet das Motto für die kommende Fasnet. Auch die städtische Prominenz und die Presse erhalten die närrische Erleuchtung, und man wünscht sich gegenseitig eine «Glückselige Fasnet».

Nach dem 11.11. ruht die Fasnet bis exakt vier Wochen vor dem Fasnetssamstag. Die offizielle ERÖFFNUNG findet auf dem Zunftabend der Fasnetrufer statt, auf dem auch der Elferrat der BNZ seinen ersten Auftritt hat. Erst jetzt sieht man Hästräger in den Straßen der Stadt. Neben den Aktivitäten der einzelnen Narrennester in den Stadtteilen folgen in den viereinhalb Wochen bis zum Aschermittwoch eine ganze Fülle von zentralen Veranstaltungen, die von der BNZ als Dachorganisation ausgerichtet werden und an der sich eine Vielzahl der Freiburger Zünfte beteiligt.

In der Woche nach der Fasneteröffnung wird die Schirmherrschaft über die Freiburger Fasnet an den Oberbürgermeister übergeben. Eine der 36

o.: *Lokalschnurren der Fasnetrufer: Die Hackepeter.*
r.: *Kappensitzung: Die Wäschwieber (Franz Albrecht,
Herbert Walter).*

Freiburger Zünfte übernimmt diese fei-
erliche «PROTEKTORRATSÜBERGA-
BE». Sie bildet im betreffenden Jahr
auch das Motiv auf der Fasnetsplakette
und den Jahresorden der BNZ. Meist
wird dem OB eine Maske der Zunft
überreicht, die an das Augustinermuseum weitergegeben wird und von dort
ins Fasnetsmuseum wandert.

Nun häufen sich die Zunftabende,
Bürger- und Kinderbälle der einzelnen
Zünfte. Herausgegriffen sei das «LO-
KALSCHNURREN» der Fasnetrufer, bei
dem die Humoristen der Zunft in vier
Gruppen durch vier Freiburger Lokale
ziehen, die meist auf Wochen ausge-
bucht sind. Humoristen aus allen Freiburger Zünften treten bei den beiden
BNZ-KAPPENSITZUNGEN auf, die in
der Woche vor den eigentlichen Fast-
nachtstagen im Kolpinghaus stattfin-

o.: *Kappensitzung: Klamauktruppe der Fasnetrufer.*
u.: *«Urgestein» der Freiburger Fasnet: Jodele und Mäcki
(Alfred Kalchthaler, Rudi Ganter).*

Der Ablauf der Fasnet in Freiburg

den, wohin die Narren 2003 nach einigen Jahren im Konzerthaus zurückgekehrt sind. Neben Gesangsnummern und Tänzen werden vor allem die Büttenreden und närrische Zwiegespräche gepflegt, die in Freiburg eine lange Tradition haben.

Der SCHMUTZIGE DUNSCHDIG beginnt in einigen Stadtteilen mit der «Befreiung» der Schüler. Am Nachmittag kommen alle Freiburger Narrenzünfte zum STURM AUFS RATHAUS zusammen. Die Figuren des Münsternarren und des Magisters Bertold Schwarz, dessen steinernes Standbild vor dem Rathaus steht, berichten kritisch über die Stadtpolitik und rufen die Narren auf, die Herrschaft zu übernehmen, die unter ihnen nur besser werden kann. Der Oberbürgermeister übergibt den Rathausschlüssel an den Oberzunftmeister. Nach dem Rathaussturm bringen die Fasnetrufer den am Vortag im Stadtwald frisch geschlagenen NARRENBAUM. Begleitet werden sie vom Zug der Hemdglunker. Nachdem der Narrenbaum – (früher von Hand, heute aus Sicherheitsgründen mit Hilfe eines Autokrans) – aufgestellt ist und Ignaz Fasnet im Flecklehäs von ihm herunter auf die Stadt schaut, beginnen die eigentlichen Fastnachtstage. Die Narren ziehen in ihre Zunftlokale zum geselligen Miteinander, Musik und Tanz, oft verbunden mit

Schmutziger Dunschdig: Narrenbaum und Hemdglunker.

Bräuchen wie dem Fasnetsausgraben oder der Aufnahme neuer Zunftmitglieder.

Am Fasnetsamstag und FASNET-SUNNDIG zeigen sich die Narren auf den Straßen der Innenstadt. Besonders die STROOSSEFASNET am Sonntagnachmittag hat sich in den letzten Jahren zu einem rechten Publikumsmagneten entwickelt, bei dem sich die organisierten Narren unter die individuell und phantasievoll verkleideten Bürger mischen.

Der FASNETSMENDIG (Rosenmontag) beginnt mit dem WECKEN der Bürger durch verschiedene Zünfte in den einzelnen Stadtteilen. In der Innenstadt und den angrenzenden Stadtteilen ist dieses Taganrufen seit der Fasnet 1935 die Aufgabe der Fasnetrufer, die mit dem seinerzeit aus Wolfach übernommenen und auch in Elzach noch gebräuchlichen Spruch die Fasnet ausrufen:

«Im Namen des Herrn Entechrist
Der Narro Tag erschienen ist.
Der Tag fängt an zu läuten
Uns Narren wie euch G'scheiten.
Der Narro Tag, der nie versag'
Wünscht allen Narren einen guten Tag!
Narri-Narro»

Um 10.00 Uhr trifft sich die närrische und andere Prominenz zur RATSSUPPE im Kolpinghaus. Im Zentrum steht seit 1987 die Verleihung des «Narrenpreises» der BNZ an eine Persönlichkeit aus dem politischen, wirtschaftlichen oder kulturellen Leben, darunter die Ministerpräsidenten Teufel und Oettinger, die damalige Straßburger Oberbürgermeisterin Catherine Trautmann, OB Manfred Rommel aus Stuttgart, der CDU-Politiker Heiner Geißler und die Grünen Joschka Fischer und Rezzo Schlauch. Der Träger des Vorjahres muß eine närrisch gewürzte Laudatio auf seinen Nachfolger halten. Zur Umrahmung dieser Zeremonie bieten die besten BNZ-Humoristen einen Ausschnitt aus dem Programm der Kappenabende.

Gestärkt durch die Nudelsuppe begibt man sich nun zum UMZUG, der sich als närrischer Lindwurm mit Tausenden von Hästrägern durch Freiburgs Altstadt bewegt. Ein großer Gewinn war die Einbeziehung des Münsterplatzes, über den erstmals zum Narrentag des «Verbandes Oberrheinischer Narrenzünfte» im Jahr 1997 der Umzugsweg führte. Zehntausende von Zuschauern säumen die Straßen und erleben alljährlich den größten Fastnachtsumzug im deutschen Südwesten.

Montag- und Dienstagabend gehören wieder der individuellen Fasnet in

Fasnetsmendigumzug: Guggemusik auf dem Münsterplatz.

den einzelnen Narrennestern, die natürlich auch interessierten Gästen offensteht. Am Dienstag wird überall der KEHRAUS gefeiert. Häufig versucht man noch, die todkranke Fasnet durch eine Notoperation zu retten, doch immer nützt alles Bemühen nichts und man muß die Fasnet um Mitternacht zu Grabe tragen oder verbrennen. Unter dem Narrenbaum im Herzen der Stadt verbrennen beispielsweise die Fasnetrufer ihren «Ignaz» unter lautem

Heulen und Wehklagen. Als Einstimmung auf die beginnende Fastenzeit wird vielerorts ein saurer Hering verzehrt.

Ein im süddeutsch-österreichischen Raum häufiger Abschlußbrauch, der in Freiburg vor wenigen Jahren neu eingeführt wurde, ist die GELDBEUTEL-WÄSCHE am Morgen des Aschermittwochs: Schwarzgekleidete Narren waschen unter Heulen und Wehklagen und mit allerlei Sprüchen ihren an Fas-

Der Ablauf der Fasnet in Freiburg

o.: Die Lalli beim Rosenmontagsumzug, um 1950
u.: Fasnetsmendigumzug in der Kaiser-Joseph-Straße

Narrenappell am Fasnetsmendig 1954. Major Brueli (Hansjörg Weber) und Adjutant Dummerbub (Rolf Wandres) als Ranzengarde-Parodie.

net vollkommen geleerten Geldbeutel. Eine spezifische Freiburger Note bekommt die Geldbeutelwäsche dadurch, daß die Portemonnaies im Bächle ausgespült werden.

Ebenfalls zu den Abschlußbräuchen gehört das SCHEIBENSCHLAGEN nach Einbruch der Dunkelheit am ersten Fastensonntag Invocavit, bei dem in einem großen Feuer angeglühte, auf einem grünen Haselstecken befestigte Buchenholzscheiben über eine hölzerne Bohle abgeschlagen werden. Der Flug der Scheibe wird von Sprüchen begleitet, die stets mit «Schibii, Schiboo, wem soll die Schiibe go? (... für wen soll die Scheibe fliegen?)». Nach der letzten Scheibe sprechen die Schläger:

«Schiibe, Schiibe de Rai nab. | D'Kuechlipfanne het e Bai ab. | De Ankehafe het de Bode dus. | Un jetzt isch die Alt' Fasnet us!» (Scheibe, Scheibe den Hang hinunter. Die Küchlipfanne hat ein Bein ab. | Der Buttertopf hat keinen Boden | und jetzt ist die Alte Fastnacht vorbei). In Freiburg wird dieser alte Brauch unter anderem von den Fasnetrufern am Hirzberg oberhalb des Gasthauses «Zum Stahl» und von den Rebläusen in den Weinbergen bei St. Georgen gepflegt.

Doch auch nach dem Ende der Fasnet gilt wie überall im Südwesten der Spruch:

«S' goht degege!»

Narren ausgestellt Fastnachtsmuseen in der Region

Das Freiburger Fasnetmuseum

Zunfthaus der Narren
Turmstraße 14
79098 Freiburg im Breisgau

Informationen über die Fasnet in Freiburg und einen «Blick über den Tellerrand» in andere Fastnachtsregionen bietet seit 1979 das «Freiburger Fasnetmuseum» in der Turmstraße. Die Darstellung der Freiburger Narrentypen, liebevoll von den einzelnen Zünften selbst arrangiert, wird ergänzt durch Leihgaben aus dem Augustinermuseum und zahlreiche weitere Exponate, die vom Förderverein des Museums in den letzten Jahren angekauft und gesammelt worden sind. Darunter befinden sich wertvolle Einzelstücke, Häser unter anderem aus Überlingen, Villingen, Elzach oder Endingen sowie viele Holzmasken aus dem ganzen südwestdeutschen Raum, etwa barocke Narroschemmen von der Baar und zwei der ältesten bekannten Schuddiglarven aus Elzach. Auch unter den auf Freiburg bezogenen Ausstellungsstücken finden sich bemerkenswerte Exponate zur Geschichte der hiesigen Fasnet und manches Dokument aus der Gründungsphase der Zünfte.
Zahlreiche Objekte zeigen die karnevalistischen Wurzeln der BNZ, die man heute nicht mehr verleugnet, sondern als Teil der eigenen Geschichte begreift und schätzt. Pünktlich zum 35jährigen Bestehen 2004 konnte das Museum in den beiden oberen Stockwerken des Zunfthauses der Narren, Turmstraße 14 um zwei weitere Räume im Nachbarhaus, Turmstraße 12 erweitert werden. Die Darstellung der Freiburger Fasnet konnte durch den Raumzuwachs entzerrt werden, neue Zünfte kamen hinzu, und der historische Teil zur Freiburger Fasnet wurde wesentlich ausgedehnt.

Geöffnet ganzjährig Samstag 10 bis 14 Uhr
Führungen für Gruppen, Schulklassen und Kindergärten
jederzeit nach Vereinbarung
Telefon: 0761 / 22 6 11
Mitglied beim Oberrheinischen Museumspass
Info / Anmeldung im Internet:
www.breisgauer-narrenzunft.de

Weitere Fastnachtsmuseen:

Oberrheinische Narrenschau Kenzingen

Alte Schulstraße 20
79341 Kenzingen

Fastnachtsmuseum des Verbandes Oberrheinischer Narrenzünfte. In einem alten Kenzinger Bürgerhaus werden vom Keller bis zum Dachspitz Narrentypen und Masken aus dem gesamten Verbandsgebiet des VON gezeigt.

Öffnungszeiten:
1. Januar bis 30. April:
Sonn- und feiertags 14 bis 17 Uhr
1. Mai bis 31. Oktober:
Sonn- und feiertags, dienstags,
donnerstags, samstags 14 bis 17 Uhr
1. bis 30. November:
Samstag und Sonntag 14 bis 17 Uhr
Dezember geschlossen!
Führungen für Gruppen
jederzeit nach Vereinbarung.
Telefon: 07644 / 92 34 52
Info im Internet: www.von-online.de

Narrenschopf Bad Dürrheim

im Kurpark / Luisenstraße
78068 Bad Dürrheim

Fastnachtsmuseum der Vereinigung Schwäbisch-Alemannischer Narrenzünfte e.V.
Baukomplex aus drei hölzernen Kuppelbauten und einem Verbindungstrakt. 400 Narrenfiguren machen den Narrenschopf zum größten deutschen Maskenmuseum.

Öffnungszeiten:
1. Mai bis 31. Oktober:
Dienstag bis Samstag 14 bis 17.30 Uhr
Sonn- und feiertags 10 bis 17.30 Uhr
1. November bis 30. April:
Dienstag bis Samstag 14 bis 17 Uhr
Sonn- und feiertags 10 bis 17.30 Uhr
Gruppen jederzeit nach Vereinbarung
Telefon: 07726 / 64 92
Info im Internet: www.narrenschopf.de

Fasnachtsmuseum Schloß Langenstein

Schloß Langenstein
Braunenbergerstraße 9
78359 Orsingen-Nenzingen

Etwa 10 Kilometer von der Autobahnausfahrt Engen (A 81) entfernt, liegt an der B 31, die an den Bodensee führt, Schloß Langenstein. Die unnachahmliche Atmosphäre dieses alten Adelssitzes erhöht den Reiz des darin untergebrachten Fasnachtsmuseums, das 1969 eröffnet und in den folgenden Jahren mehrfach erweitert wurde. In elf Räumen, mit insgesamt 1000 qm Ausstellungsfläche zeigt es nahezu alle Aspekte des Fastnachtsbrauchtums.

Öffnungszeiten:
Anfang März bis Ende November:
jeweils mittwochs, samstags, sonn- und feiertags
13 bis 17 Uhr
Gruppen jederzeit nach Vereinbarung
Telefon: 07774 / 77 88
E-Mail: FilzPeter@t-online.de
Info im Internet: www.fasnachtsmuseum.de

Schloßnarrenstuben Bonndorf

Schloß
79848 Bonndorf

Keine lebensgroßen Fasnachtsfiguren sind hier zu sehen, wie in den anderen Fastnachtsmuseen von Baden-Württemberg, sondern reizende kleine Figuren von ca. 45 Zentimetern Höhe. Theo Hany, pensionierter Friseurmeister und langjähriger «Chefarzt» einer Puppenklinik, hat die hier ausgestellten über 350 Miniaturgestalten mit ihren originalgetreuen, meist von den jeweiligen Zunftschnitzern eigens angefertigten Holzmasken geschaffen.

Öffnungszeiten:
Mittwoch bis Samstag 10 bis 12 Uhr
und 14 bis 17 Uhr
Sonntags 14 bis 17 Uhr
Gruppen jederzeit nach Vereinbarung.
Telefon: 07703 / 2 33
Info im Internet: www.bonndorf.de/Tourismus

Hochburgen der Fastnacht am Oberrhein

Neben Freiburg kann man im Breisgau und in den angrenzenden Gebieten eine ganze Reihe sehenswerter Fastnachtsschauplätze besuchen und interessantes Brauchtum erleben. Es sind vor allen drei Orte im näheren Umkreis, die zu Recht zu den Hochburgen der Fastnacht zählen und deren Bräuche bei den Volkskundlern und Fastnachtsforschern als besonders authentisch und sehenswert gelten: Das Schwarzwaldstädtchen Elzach mit seinen Schuddig-Narren, Endingen am Kaiserstuhl mit den Jokili und die faszinierenden Cliquen mit ihren Trommeln und Pfeifen in Basel. Von Freiburg aus sind diese Orte gut mit öffentlichen Verkehrsmitteln, oft auch mit eigens eingesetzten Sonderzügen zu erreichen.

Die Vielfalt der alemannischen Fasnet läßt sich über die genannte Auswahl hinaus natürlich auch in vielen anderen Orten der näheren und ferneren Umgebung Freiburgs kennenzulernen, sei es unter Narren beim zwanglosen Miteinander in den Lokalen, bei Zunft- und Brauchtumsabenden, bei Straßenfastnachten oder Umzügen. Zwischen Dreikönig und der Alten Fasnet treiben es die Narren im ganzen

Südwesten bunt: In Waldkirch treffen sich am Schmutzige Dunschdig die Hemdklunker auf dem Marktplatz und erzeugen mit ihren Holz-«Kläpperle» kastagnettenartige Rhythmen, Offenburg lockt mit dem Treiben seiner Hexenzunft, in den Städten am Hochrhein mischen sich Elemente aus der Schweiz wie Waggiscliquen und Guggemusik mit dem Brauchtum des deutschen Südwestens, die Bodenseemetropole Konstanz pflegt noch heute die bürgerliche Saalfastnacht des 19. Jahrhunderts, in Stockach tagt das «grobgünstige» Narrengereicht und wird mit großem Aufwand der Urvater aller Narrenbäume gestellt, in Villingen und Rottweil erlebt man die barock geprägte Fastnacht der Weißnarren mit ihren wertvollen geschnitzten Schemen, den bemalten Kleidle und der hohen Kultur des «Strählens».

Elzach – Dodegfriß und Mundle

Ohne Zweifel gebührt ELZACH mit seinen historisch weit zurückreichenden Wurzeln und komplexen Bräuchen eine Spitzenstellung unter den südwestdeutschen Fastnachtsorten. Im frühen 20. Jahrhundert hat der Heimatforscher und Geschäftsführer der «Badischen Heimat» Hermann Eris Busse (1891-1947) in seinen Schriften das Beispielhafte der Elzacher Fastnacht herausgestellt und ihren Bekanntheitsgrad gesteigert. Sie galt ihm in seinen späteren Publikationen insbesondere als Beleg für die These von der Fas(t)nacht als heidnisch-germanischem Winteraustreibungs- und Fruchtbarkeitsritual. Gleichzeitig hat der Elzacher Kunstmaler Erwin Krumm (1898-1980) auf die Gestaltung der Elzacher Fastnacht wesentlichen Einfluß genommen und zusammen mit einer Reihe von Elzacher Maskenschnitzern das heutige Bild des Elzacher Schuddig-Narren nicht unwesentlich geprägt. Der Name kommt vermutlich vom «Schur-Tag/Schurtig», einer alten Bezeichnung des Aschermittwoch.

Der eindrucksvolle Schuddig mit seinem rotem Flecklehäs, unter dem ausschließlich Männer stecken, trägt die Züge der seit dem Spätmittelalter beliebten Figur des Wilden Mannes, die sich anhand graphischer Darstellungen (z.B. bei Pieter Breughel d.Ä.) schon früh als Fastnachtskostüm nachweisen läßt. Zum Häs gehört ein aus Stroh geflochtener Dreispitz, der mit Weinbergschneckenhäusern besetzt ist und an den Enden Bollen aus roter Wolle, beim Rägemolli aus Papierstreifen, trägt. Ob die Schneckenhäuser ur-

Elzach: Rägemolli mit Mundle-Larve.

sprünglich als preisgünstiger Schellenersatz dienten, oder ob sie auf die nach mittelalterlichem Verständnis geistige Trägheit des Narren, oder aber auf die Schnecke als Fastenspeise hinweisen sollen, ist eine offene Frage. Am Dreispitz halten Lederriemchen die «Larve» genannte Gesichtsmaske mit dem grünen Larventuch. Zu seinem Häs trägt der Schuddig eine Vielfalt von Larventypen, den «Fratz», den «Lätsch», die Bartlarve, Tiermasken wie Bäre- und Fuchsgfriß, Teufelsmasken und das «Dodegfriß» (= Totenfratze). Zu den ältesten Larven gehören die weiß bemalten «Mundle» und «Langnasen», die sich von der italienischen Commedia dell'Arte herleiten lassen. Neben den roten Flecklehäsern – und einem schwarzen für die Einzelfigur des Teufelschuddig – gibt es den in jüngerer Zeit wieder verstärkt auftretenden «Rägemolli» (Regenmolch = Feuersalamander), eine früher verbreitete Variante des Schuddig mit einem mit großen schwarzen Tupfen bemalten Stoffhäs, zu dem vor allem die letztgenannten Larven getragen werden. In der Hand trägt der Schuddig einen Farren- oder Hageschwanz (getrockneter Penis eines Bullen) mit einer daran befestigten Saubloodere (Schweinsblase, auch Rinderblase) als Lärminstrument oder die Streckschere, mit der geschickt Hüte von den Köpfen der Zuschauer geholt werden. Der Aufforderung «Schuddig – bruel emol!» antwortet er mit tiefen Gebrumm.

Zwar zeigen sich am Schmutzige Dunschdig die Kinder bereits im Schuddighäs, die eigentliche Elzacher Fasnet beginnt jedoch erst am Fasnetsunndig um 12.00 Uhr mittags mit dem Narrenlauf der Schuddig und dem Ausrufen der Fasnet durch den Zunftmeister. Nach dem großen Umzug am Nachmittag folgt abends um 20.00 Uhr der Fackelzug. In den Lokalen der kleinen Stadt gehen anschließend die «Maschkele» (kleine Masken) um, kleine und größere Gruppen von Frauen und Mädchen, die die meist männlichen Opfer für ihre unterm Jahr begangenen Sünden «durchhecheln». Das Taganrufen in den letzten Nachtstunden zählt zu den besonders eindrucksvollen Elementen der Elzacher Fasnet: Die in weiße Gewänder gekleideten Taganrufer tragen hohe Papierhüte mit Stoffquasten. Begleitet vom Nachtwächterpaar und einer Reihe von Schuddignarren ziehen sie mit Trommeln und Musik durch den Ort und tragen aus dem Narrenbuch die «Narrenstückle» vor, in denen sie die Ereignisse des Jahres Revue passieren lassen. Am Rosenmontagmittag und -abend findet der Rügebrauch des Taganrufens mit den «Moritaten», die kleine Gruppen auf den Straßen und in den Lokalen vortragen, seine Fortsetzung.

Am Nachmittag des Fasnetsdienstag findet ein weiterer großer Umzug statt und um Mitternacht endet die Fastnacht mit der Demaskierung aller Schuddig und Maschkele. Unmittelbar danach werden die Fasnetsdekorationen in den Lokalen abgenommen und die Fastenzeit bricht an.

Endingen –
«Jokulatoren» am Kaiserstuhl

Eine alte, traditionsreiche Fastnacht bietet auch das Städtchen ENDINGEN AM KAISERSTUHL, wo der «Jokili» die zentrale Narrengestalt ist. Der Name leitet sich von «Jokulator» (= Spaßmacher/Possenreißer) her, das Gewand beinhaltet Merkmale des Standardnarren mit Eselsohrenkappe und gezaddeltem Kragen, Jacke und Hose. 1782 ist die Figur erstmals nachgewiesen, als das Fastnachtsspiel «Jokilis Heimkehr» aufgeführt wurde.

Die im 19. Jahrhundert noch aus verschiedenen, bedruckten Stoffen, darunter Matrazenstoff, Vorhänge und Hochzeitsschals genähten Narrenkleider, zu denen man das Gesicht schminkte oder Drahtgazelarven trug, wichen 1934 einheitlich gestalteten Gewändern aus rotem Stoff mit blau und weiß eingefaßten Säumen. Die Maskierung blieb zunächst einfach, später kamen Pappmaché-Larven dazu, 1947 schließlich Holzmasken. Zunächst waren sie ungefaßt, heute tragen die Jokili mehrere Typen von glattgeschliffenen und über Kreidegrund gefaßten Larven in der Machart der Narroschemmen. Als Narreninstrument tragen die Jokili einen Farrenschwanz oder einen Stecken mit der Saubloodere. Auch Pritschen, Federwisch und Teppichklopfer sind zu sehen, letztere bei den «Altjokil», die mit den rund 800 Jokili in rotem Kleid die Endinger Straßen an Fasnet bevölkern. Diese «Altnarren» wurden im Jahr 2000 nach den noch vorhandenen Vorbildern gestaltet und tragen jene bunten Gewänder, die in der zweiten Hälfte des 19. Jahrhunderts üblich waren.

Im Jokili-Gewand (niemals: «Häs») stecken nur Männer, die weibliche Ergänzung zu den Zunftbrüder bilden seit den 1960er Jahren die «Rääbwiibli», neben den Jokili die einzige Gruppe mit Holzlarven in Endingen. Bemerkenswert sind auch die Einzelfiguren der Endinger Fasnet: Das «Stadttier», ein in lokalen Sagen erwähntes Gespenst «halb Gaul, halb Stier», der Storch, den jeweils der Zunftbruder verkörpert, der zuletzt Vater geworden ist, das «Dielfraili», ein ebenfalls aus örtlicher Sagentradition stammendes Waldwiibli mit Holzmaske und einem «Schaüb» (gebündelte Strohhalme zum Binden der Reben) auf dem Kopf. Es begleitet den «Galli», der den in der zweiten Hälfte des 19. Jahrhunderts lebenden Schneider Gallus Wodenschreck verkörpert. Der Galli war als maßloser Aufschneider bekannt und auch sein fastnächtliches Alter Ego bindet manchem Zuschauer seinen Bären auf. Die Portraitlarve ist einem Endinger Original aus der Jokilizunft nachempfunden.

Edle Standardnarren: die Endinger Jokili.

Die närrische Zeit in Endingen beginnt an Lichtmeß (2. Februar) mit den Heischebräuchen der als «Häxli» verkleideten Endinger Kinder. Am Schmutzige Dunschdig fängt die eigentliche Fasnet an: Viele Hundert Hemdglunker ziehen am Abend auf den Marktplatz, wo in einer eindrucksvollen Zeremonie der Jokili aus dem Marktbrunnen geholt wird. Am Fasnetsamschdig ziehen zahlreiche Schnurrgruppen durch die Lokale im «Städtli» und nehmen das städtische Geschehen aufs Korn. Dabei erklingen närrische «Liadli un Spüch-li», von denen einige nur in Endingen zu hören und zu erleben sind.

Der Fasnetsunndig ist der «Jokili-tag». Am frühen Morgen wecken die Bürgerwehrspielleute die Endinger aus dem Schlaf und der Stadthauptmann ruft die Fasnet aus. Nach dem Mittagessen beginnt am Königschaffhausener Tor, dem «Torli» der große Umzug, an den sich das «Narräsomefeschd» mit der Austeilung des Narrenbrotes an den närrischen Nachwuchs am Marktplatz anschließt. Am Abend versammeln sich die Jokili erneut zu einem stimmungsvollen Nachtumzug mit Fackeln.

Der Fasnetsmendig beginnt mit dem Wecken, bei dem die Narren im Schlafanzug und mit ohrenbetäubender «Katzenmusik» die Endinger aus dem Bett holen. Es folgen Narrenvesper und Narrenpredigt. Im Mittelpunkt des Tages steht am Nachmittag der Umzug der Endinger Traditionsfiguren mit den «Narrennestern», in denen sich seit den 1950er und 60er Jahren die Bürger der einzelnen Stadtviertel zusammengefunden haben Sie treten mit Fußgruppen und Wagen, teilweise auch mit eigenen Musikkapellen auf.

Der Dienstagnachmittag gehört dem traditionellen Frauenrecht, und am Abend wird in einem schauerlich-imposanten Trauerzug der Jokili durch die Schar der «trüürige Narrä» nach der Erteilung des Heringssegens wieder im Brunnen versenkt, aus dem er erst an der kommenden Fasnet auferstehen wird.

Basel – Tambouren, Pfiffer und Latäärne

Die BASLER FASNACHT (in Basel bewußt ohne «t» geschrieben) findet statt, wenn andernorts die Narren ihre Häser längst wieder eingemottet haben. Sie beginnt um 4.00 Uhr nachts am Montag nach Invocavit und dauert exakt 72 Stunden bis zum Donnerstagmorgen 4.00 Uhr. In diesen «drey scheenste Dääg» sind die Gassen der Basler Altstadt erfüllt vom eigenwilligen Rhythmus der Pfeifer- und Tambouren-Cliquen.

Trotz der 1529 in Basel eingeführten Reformation, die andernorts meist zum völligen Ende der Fastnachtfeiern führte, blieb sie hier in geschlossenen Kreisen bestehen und wurde entgegen mehrfacher Versuche von Obrigkeit und Kirche, sie aus Sorge um den Sittenverfall zu verbieten, weitergepflegt. So uferten die traditionellen Zunftfeiern am Aschermittwoch oder die militärischen Musterungen und Umzüge, die zum alten Fastnachtstermin abgehalten wurden, regelmäßig in unverhülltes fastnächtliches Treiben aus. In den 1830er Jahren etablierte sich der «Morgestraich», an dem Pfeifer und Tambouren (Trommler) die Basler zur Fasnacht aus dem Schlaf weckten. Seit 1845 gab es statt der zuvor gebräuchlichen Fakkeln vermehrt Laternen, aus denen sich später das zeitkritisch-satirische Hauptelement der Basler Fasnacht entwickelte. In der gleichen Zeit kamen die bis heute beliebten «Schnitzelbängg» auf: Maskierte Fasnachter ziehen von Lokal zu Lokal und nehmen in gereimtem und bebildertem Vortrag politische und gesellschaftliche Ereignisse aufs Korn. 1884 bildete sich die erste Clique, viele weitere folgten und wurden zu den eigentlichen Trägern der Fasnacht. In ihnen wurde das Trommeln und Pfeifen endgültig zur Kunst entwickelt. Zu Beginn des 20. Jahrhunderts hatte die Basler Fasnacht weitgehend jene Form erreicht, in der sie noch heute gepflegt wird. Das 1911 gebildete «Comité» fungiert als Hüterin der Fasnacht. Um die 18.000 Basler und Baslerinnen sind heute in der Fasnacht aktiv.

Die Fasnachtscliquen tragen eine Maske (das heißt Kostüm UND Larve = Gesichtsmaske), die meist einem jährlich wechselnden Sujet folgt. Die Larven sind aus Papier, Leim und Gips gestaltet und häufig von höchstem künstlerischen Anspruch. Neben aktuellen, oft politischen Sujets, mit denen in satirischer Form Kritik geübt wird, gibt es auch traditionelle Masken wie den «Ueli», der ein klassisches Narrenkostüm im Mi-Parti mit Eselsohrenkappe trägt, oder den beliebten «Waggis» mit Bauernkittel, Holzschuhen, riesiger Nase und langen Haaren, der die Sundgauer Bauern persifliert, die täglich aus dem Elsaß mit ihren Waren zum Basler Markt kamen.

Der «Morgestraich» gehört zu den eindrucksvollsten Erlebnissen in der Fastnachtswelt. Am Montag nach Invocavit, Schlag vier Uhr morgens gehen in der gesamten Altstadt die Lichter aus und die Cliquen setzen sich nach dem Kommando ihres Tambourmajors «Morgestraich, vorwärts marsch» mit Trommeln und Pfeifen in Bewegung. Große Zuglaternen werden vor den Cliquen hergetragen oder auf Wagen gezogen. Die Gruppen zeigen noch nicht ihr einheitliches Sujet, sondern sind traditionell in verschiedenen Masken unterwegs. Erkennungsmerkmal der Clique sind die kleinen Kopflaternen, die jeder Aktive trägt. Diese offene Kleiderordnung nennt man in Basel «Charivari». Stundenlang ziehen die Cliquen nun durch die Gassen Basels, und in den Wirtschaften stärkt man sich an den traditionellen Basler Fasnachtsspeisen: Gebrannte Mehlsuppe und Zwiebel- oder Käsewähe (ein meist warm servierter pikanter Fladen).

Am Montag- und Mittwochnachmittag formieren sich die Cliquen zu Umzügen, in Basel «Cortèges» genannt. Von den aufwendig dekorierten Festwagen der «Wagencliquen» werden Süßigkeiten und Obst an Kinder oder Blumen und Mimosensträußchen an Mädchen verteilt. Wer sich allerdings

Impression von der Basler Fasnacht.

ohne die obligatorische «Blagedde» (Plakette zur Finanzierung der Fasnacht) nähert, wird höchstens mit einer Ladung «Räppli» (Konfetti) bedacht, im schlimmsten Fall bis auf die Haut ausgestopft. Am Montagabend ziehen die Cliquen wieder frei durch die Straßen – bei wesentlich weniger auswärtigen Zuschauern wie beim Morgestraich. In den Cafés und Wirtschaften treten am Montag- und Mittwochabend die Schnitzelbanksänger auf. Dienstags sind sie in den Cliquenkellern, den Zunftlokalen der Basler Fasnachtsgesellschaften zu hören.

Der Dienstag ist der Kinder- und Familienfasnacht gewidmet. Am Abend treten um Marktplatz, Barfüßerplatz und Claraplatz die umherziehenden Guggenmusik-Gruppen auf, die bewußt schräg auf allerlei Blechblasinstrumenten mit lautstarkem Schlagwerk spielen. Ein Pol der Ruhe ist von Montag bis Mittwoch der Münsterplatz, wo sämtliche Laternen der Cliquen ausgestellt sind, und in den Abendstunden, wenn sie beleuchtet sind, ein besonders eindrucksvolles Bild abgeben und eingehend studiert werden können. Kunstvoll gestaltet glossieren sie lokale Ereignisse, Schweizer und Weltpolitik mit oft sarkastischen und drastischen Bildern und Sprüchen.

Kleines Fastnachtslexikon

↗ = Verweispfeil

Alemannische Fastnacht:

(auch: schwäbisch-alemannische F.) Bezeichnung für das typische Fastnachtsbrauchtum im deutschen Südwesten aber auch in angrenzenden Gebieten (Alpenraum, Schweiz, Vorarlberg, Tirol). Zentrale Elemente sind die einheitlich kostümierten Narrengruppen, meist mit Holzmasken, das Narrentreiben auf der Straße oder zentrale Termine wie der ↗ Schmutzige Dunschdig oder der ↗ Fasnetsmendig mit ihren Bräuchen (↗Narrenbaumstellen, Taganrufen, ↗ Heische- und ↗ Rügebräuche). In der Volkskunde der 1920er und -30er Jahre wurde die schwäbisch-alemannische Fastnacht als heidnisches Winteraustreiben bzw. Frühlingsbrauch mißinterpretiert.

Alte Fastnacht:

Montag nach ↗ Invocavit. Fastnachtstermin vor Herausnahme der Sonntage aus den 40 Fasttagen vor Ostern. Beginn der dreitägigen Basler Fasnacht (↗ Buurefasnet)

Aschermittwoch:

Mittwoch nach Fastnacht und Beginn der ↗ Fastenzeit. In der Tagesmesse wird den Gläubigen als Zeichen ihrer Sterblichkeit ein Aschekreuz auf die Stirn gezeichnet (Asche zu Asche).

Breisgauer Narrenzunft (BNZ):

Gegründet 1934. Dachorganisation von 36 Freiburger Zünften und Untergliederungen. Offizieller Ausrichter der Friburger Fasnet. In Freiburg gibt es ein gutes Dutzend «wilder» Narrenzünfte, die nicht in der BNZ organisiert sind.

Buurefasnet:

Bauernfastnacht. Regionale Bezeichnung für die ↗ Alte Fastnacht/Fasnet. Auf dem Land hielten die Bauern am alten Termin fest, im Gegensatz zu den Klerikern oder Bürgern der Städte (Pfaffen- oder Herrenfastnacht).

Dreikönig:

Ende der Weihnachtszeit und traditioneller Beginn der ↗ schwäbisch-alemannischen Fastnacht. Vielerorts Termin für das «Häsabstauben» (symbolisches Säubern der Narrenutensilien) und für Versammlungen. In traditionellen Fastnachtsorten ist danach wieder Ruhe bis zum ↗ Schmutzige Dunschdig.

Fasching:

Regionale Bezeichnung der ↗ Fastnacht, von «Fastschank» = Trinkgelage vor der ↗ Fastenzeit.

Fastenzeit:

Die 40 Tage vor Ostern, an denen im Hinblick auf das Leiden und Sterben Christi der Genuß bestimmter Nahrungsmittel, alkoholischer Getränke und der Sexualität eingeschränkt werden. Ab dem 11. Jahrhundert werden die fünf Fastensonntage vom Fasten ausgenommen, seither beginnt die Fastenzeit am ↗ Aschermittwoch.

Fastnacht:

Regional «Fasnet, Fasent, Fasnacht». Vorabend der Fastenzeit, also eigentlich nur auf den Dienstag vor ↗Aschermittwoch (rheinisch «Fastelovend») bezogen. Heute allgemein für die ganze Fastnachtszeit, die je nachdem von ↗ Dreikönig, vom ↗ Schmutzigen Dunschdig (Endingen, Vil-

lingen, Rottweil) oder vom Fasnetssunnig (Elzach) bis Fastnacht (= Fastnachtsdienstag) dauert.

Fasnetsküchli:

Beliebt sind an ↗ Fastnacht alle üppigen und fetten Speisen, besonders die Fasnetsküchli in verschiedenen Formen. Ein traditionelles Gebäck
der Region sind die zerbrechlichen «Scherben»
aus dünn ausgewalztem Teig, im Fett schwim-
mend gebacken, die man frisch mit Puderzucker
bestäubt ißt. Eine weitere alte Form des Fettge-
backenen, für dessen Teig man viele Eier
braucht, sind die «Schenkele». Der Berliner
(Pfannkuchen) dagegen ist ein Import, der auch
außerhalb der Fastnacht erhältlich ist. Die fettar-
me Laugenbrezel ist keine Fastnachtsspeise,
sondern ein typisches Gebäck der ↗ Fastenzeit.

Fleckle:

Stoff- oder Filzstücke, mit denen das Fasnets
↗ häs benäht wird. «Spättle» sind Feckle aus zu-
sammengenähten und gewendeten Stöffstücken
oft mit Zierstich umrandet. Regionale Variante
«Blätzle». Diese «Flecklehäser» waren ursprünglich abgetragene Anzüge, die zur Fastnacht umgestaltet wurden.

Fuchsschwanz:

Altes Narrenattribut, mußte ursprünglich von
geistig Behinderten und Krüppeln, den sog. na-
türlichen ↗ Narren als Standeszeichen getragen
werden.

Häs:

Alemannisch für Gewand, Anzug (z.B. Sundigs-
häs), also auch für das Fastnachtskostüm (eigentlich Fasnetshäs). Regional auch «Kleid/ Kleidle»
(z.B. in Rottweil). Haupthästypen sind die mit
Stoff- oder Filzstücken benähten ↗«Flecklehäs»
(auch Spättle- oder Blätzlehäs) und die bemalten
Stoffgewänder der ↗ Weißnarren. Es gibt mit
Stroh, Schindeln, Korken, Gräsern und anderen
Materialien benähte Häser und solche aus Tier-
oder Kunstpelz, Hexen tragen meist von Frauen-
gewändern abgeleitete Kostüme.

Heischebrauch:

Im ganzen alemannischen Raum übliches «Hei-
schen», das heißt Erbetteln von ↗ Fasnetsküchle
und anderen Gaben an ↗ Fastnacht. Oft mit entsprechenden Versen verbunden («Gitzig, gitzig,
gitzig isch de Beck, un wenn er nit so gitzig wär,
dan gäb er gleich e Weckli her»). Ursprünglich
übten die Narren selbst den Heischebrauch bei
der Obrigkeit und in den Häusern aus, heute sind
es vor allem Kinder, die von den Narren Gaben
erheischen. Die dabei oft verteilte Brezel ist an
sich ein typisches Fastengebäck und hat eigentlich an Fastnacht nichts zu suchen.

Invocavit:

Erster Fastensonntag. (Die Bezeichung der Fastensonntage Invocavit, Reminiscere, Oculi, Laetare, Judica und Palmarum geht auf den jeweiligen Introitus (Anfangsvers der Messe) zurück.)
Traditioneller Termin für Fastnachtsfeuer und
Scheibenschlagen (Funkensonntag). In der
Nacht zum Montag beginnt mit dem «Morgestraich» die Basler Fasnacht.

Karneval:

Regionale Bezeichnung der ↗ Fastnacht, von
«Carne levare» = Aufhebung des Fleisches.
Scherzhaft: «Carne Vale» = Fleisch, leb wohl!
Heute meist auf den rheinischen Karneval (Köln,
Aachen, Düsseldorf, Mainz) bezogen, noch im
19. Jahrhundert auch in süddeutschen Städten
verbreitet (Freiburg, Villingen, Konstanz)

Marotte:

Narrenszepter, oft mit einem ↗ Narren als Kopf. Dient wie der Narrenspiegel als Ausweis der Gottesferne, weil Selbst-Bezogenheit des Narren. Ursprung des Wortes «Marotten» für närrische Eigenheiten eines Menschen.

Maske:

von ital.: «Masquera». Ursprünglich Bezeichnung für die gesamte Verkleidung, wie beispielsweise noch in Villingen (Maschgere) oder Basel. Heute jedoch meist eingeschränkt auf die Gesichtsmaske. Für diese sind auch regionale Bezeichnungen wie «Larve» (z.B. in Elzach oder Basel), «Schemme/Scheme» (z.B. in Villingen) oder «Holz» (z.B. in Freiburg) üblich. Die Masken der alemannischen Fasnet sind meist aus Lindenholz geschnitzt und entweder gebeizt, direkt auf dem Holz lasierend bemalt oder aufwendig grundiert und gefaßt. Daneben gibt es Masken aus Drahtgaze, Leder, Pappmaché, Textilien und Wachstuch (Bergamasker Masken). Eine noch geübte, sehr alte Form der Maskierung ist das Einfärben des Gesichts mit Fett und Mehl oder Ruß (z.B. in Waldshut oder in Merdingen).

Narr:

Zentrale Fastnachtsfigur. Ursprünglich Bezeichnung für den außerhalb menschlicher Norm stehenden Gottesleugner. Auch für körperlich oder geistig Behinderte verwendet (natürliche Narren). Der «Standardnarr» mit Eselsohrenkappe, Schellen oder Hahnenkamm, Mi-Parti-Gewand und Marotte bildet sich bis 1500 aus. Als Begleiter des Teufels kam die Figur des Narren ins Fastnachtsspiel.

Narrensamen:

Der Nachwuchs der Narren, der meist aus den Zünften heraus in die ↗ Fastnacht hineinwächst.

Narrentreffen:

Narrentreffen gehören zu den jüngeren Brauchformen der ↗ schwäbisch-alemannischen Fastnacht, oft verbunden mit einen Zunftjubiläum o.ä.. Das erste Narrentreffen fand 1928 in Freiburg statt. Heute meist zwei- oder mehrtägige in Zusammenarbeit mit den Narrenverbänden organisierte Großveranstaltungen mit Brauchtumsvorführungen, Freinacht und großem Umzug, an denen Tausende von Narren und Zuschauern teilnehmen. Zentrale Narrentreffen werden häufig im Fernsehen übertragen.

Narri-Narro:

Ruf der Narren im schwäbisch-alemannischen Raum im Gegensatz zum (auch in Freiburg bis vor dreißig Jahren üblichen) «Helau», das eher dem rheinischen ↗ Karneval zugeordnet wird (v. a. der Mainzer Fassenacht). Daneben sind auch regionale oder zunftbezogene Narrenrufe üblich: «Schmeck'sch de Brägel» (Breisach), «Welle – Bengel» (Kenzingen), «Hell uf – Dag uf» (Lalli – FR-Herdern) usw.

Orden:

Ursprünglich Parodie auf das militärische und zivile Ordens(un)wesen. Heute durchaus ernsthafte Ehrung für verdiente Narren und «Großkopfete». Als «Hausorden» Zeichen der aktiven Hästräger einer Zunft. Für Jubiläen und ↗ Narrentreffen werden häufig eigene Orden geprägt und verliehen oder verkauft. Der Erwerb von Orden und Plaketten hilft vielerorts bei der Finanzierung der Fastnacht.

Rätsche:

Fastnächtliches Lärminstrument, ursprünglich im Weinbau eingesetzt. Auch als Ersatz für die Kirchenglocken in der ↗ Fastenzeit gebräuchlich.

Rosenmontag:

Der Montag vor ↗ Fastnacht. Der Name wurde in Köln vom «Rosensonntag» (Laetare) abgeleitet, der seinen Namen wiederum den Päpsten verdankt, die am Mittfastensonntag eine goldene «Tugendrose» weihten, die einer besonders um den Glauben verdienten Persönlichkeit verliehen wurde. Da das Kölner Karnevalskommitee am Montag nach dem Rosensonntag seine Generalversammlungen abhielt, wurde der vom Komittee veranstaltete Umzug am Montag vor Fastnacht deshalb seit etwa 1830 als «Rosenmontagsumzug» bezeichnet. Der Begriff verbreitete sich schließlich in allen deutschen Fastnachtsregionen. Im schwäbisch-alemannischen Raum verwendet man jedoch lieber die Bezeichnung «Fasnetsmendig».

Rügebrauch:

Als Schnurren, Strählen, Aufsagen, Hecheln usw. bezeichnet man das Umhergehen der maskierten Narren durch die Lokale, wobei sie den nicht maskierten (Mit)Bürgern mit verstellter Stimme ihre Verfehlungen und Mißgeschicke unterm Jahr vorhalten und auch Ereignisse der lokalen Politik närrisch kommentieren. Dasselbe Ziel verfolgen auch die Fastnachtszeitungen und Narrenblättle oder Bräuche wie das Elzacher Taganrufen.

Schelle:

Glöckchen des ↗ Narren, aus Metall gegossen oder getrieben. Im Mittelalter Zeichen für die Lieblosigkeit und Gottesferne des Narren. Als Lärminstrument am ↗ Häs, an der Kappe oder an einem Schellenstab (Schellebengel) getragen. Große Schellen, die oft an Gurten getragen werden, bezeichnet man als Rollen.

Schmutziger Dunschdig:

Der Donnerstag vor ↗ Fastnacht. Von «Schmotz, schmotzig» (= Fett/Schmalz, schmalzig), bezogen auf die im Fett ausgebackenen ↗ Fasnetsküchle

Verbände/Vereinigungen:

Im deutschen Südwesten gibt es zwei große Narrenverbände: Die «Vereinigung Schwäbisch-Alemannischer Narrenzünfte» (VSAN) gegründet 1924 und den «Verband oberrheinischer Narrenzünfte» (VON) gegründet 1937 und mehrere bedeutende größere und kleinere Vereinigungen. Die ↗«Breisgauer Narrenzunft» ist Mitglied im VON.

Weißnarr:

Auf der Baar und in Oberschwaben verbreiteter Narrentyp mit glatter Schemme und bemaltem, weißen ↗ Häs aus Drillich oder grobem Leinen. (z.B. Villingen, Schwenningen, Donaueschingen, Hüfingen u.a.)

Literatur

BUSSE, HERMANN ERIS:
Alemannische Volksfasnacht, Karlsruhe o.J.
(1937) (= Heimatblätter «Vom Bodensee zum
Main», Nr. 45, hrsg. vom Landesverein Badische
Heimat e.V., Freiburg i.Br.).

HAMELMANN, BERTHOLD:
Helau und Heil Hitler. Alltagsgeschichte der
Fastnacht 1919–1939 am Beispiel der Stadt Frei-
burg, Eggingen 1989 (= Alltag und Provinz,
hrsg. vom Arbeitskreis Regionalgeschichte,
Band 2).

HERTERICH, WOLFGANG:
Freiburger Fasnet einst und jetzt, Freiburg 1974.

KALCHTHALER, PETER / WEBER, MARKUS:
«Ob auch die Maske grinst ...» Fasnetrufer Freiburg. Geschichte(n) einer Narrenzunft, Freiburg
2000.

KÜNZIG, JOHANNES:
Die alemannisch-schwäbische Fasnet, Freiburg
o. J. (1950).

KUTTER, WILHELM:
Schwäbisch-alemannische Fasnacht, Künzels-
au/Thalwil/Salzburg 1976.

MOSER, DIETZ-RÜDIGER:
Fastnacht – Fasching – Karneval. Das Fest der
«verkehrten Welt», Graz/Wien/Köln 1986.

MEZGER, WERNER U. A.:
Narren, Schellen und Marotten. Elf Beiträge zur
Narrenidee, Remscheid 1984. Begleitband zu ei-
ner Ausstellung in der Universitätsbibliothek
Freiburg vom 9. Februar bis 14. März 1984 (=
Kulturgeschichtliche Forschungen 3, hrsg. von
Dietz-Rüdiger Moser).

MEZGER, WERNER:
Narrenidee und Fastnachtsbrauchtum. Studien
zum Fortleben des Mittelalters in der europäischen Festkultur, Konstanz 1991 (= Konstanzer
Bibliothek, Band 15).

MEZGER, WERNER:
Das große Buch der schwäbisch-alemannischen
Fasnet. Ursprünge, Entwicklungen und Erschei-
nungsformen organisierter Narretei in Südwest-
deutschland, Stuttgart 1999.

MEZGER, WERNER /
SCHRECKLEIN, SONJA /
HAFEN, THOMAS:
Führer durch die schwäbisch-alemannische Fas-
net. Narrenfiguren – Termine – Veranstaltun-
gen, Stuttgart 1998.

SCHWEDT, HERBERT /
SCHWEDT, ELKE /
BLÜMCKE, MARTIN:
Masken und Maskenschnitzer der schwäbisch-
alemannischen Fasnacht, Stuttgart 1984 (= Forschungen und Berichte zur Volkskunde in Baden-Württemberg, Band 7).

Süss, Rolf:
«Zur Geschichte und Gegenwart der Freiburger Fasnacht», in: Masken zwischen Spiel und Ernst. Beiträge des Tübinger Arbeitskreises für Fasnachtsforschung, Tübingen 1967, S. 107–133 (= Volksleben. Untersuchungen des Ludwig-Uhland-Instituts der Universität Tübingen im Auftrag der Tübinger Vereinigung für Volkskunde, hrsg. von Hermann Bausinger unter Mitarbeit von Rudolf Schenda und Herbert Schwedt, Band 18).

Weidner, Heinz Markus:
Entdecken, was Freude macht. Oberrheinische Narrenschau, Gütersloh 1976.

Wunderlin, Dominik (Hrsg.):
Fasnacht, Fasnet, Carnaval im Dreiland, Basel 2005 (Begleitbuch zum trinationalen Ausstellungsprojekt «Verrückte Regio/Regio en folie 2004/05).

Zahlreiche Artikel und Beiträge zur Fastnacht in Freiburg und zu den Zünften finden sich in folgenden Zeitschriften und Periodika:

Freiburger Almanach (seit 1950)
Friburger Narrenpost (Seit 1957)
Umzugsprogramm der BNZ (Seit 1978)

Abbildungsnachweise

Archiv H. Sigmund:
2, 28, 36, 39, 42, 109 o., 110

Archiv P. Kalchthaler:
Buchtitel, 9 li. (UB Basel), 10 (UB Basel), 17, 20 (3)

Augustinermuseum Freiburg:
16, 19 re., 21 (Aufn. Hans Peter Vieser)

Dr. Rüdiger Buhl, Kirchzarten:
108

Fasnetmuseum Freiburg:
18 re. u., 26 u., 128

Münsterbauverein Freiburg:
9 re.

Hans Sigmund, Freiburg:
6, 7, 30–35, 37, 38, 40, 41, 43–106, 109 u., 115, 118, 121, Umschlag Rückseite

Stadtarchiv Freiburg:
12 (Aufn. Hans Peter Vieser, Freiburg), 18 li., 18 re. o., 19 li., 22

Zunftarchiv Fasnetrufer:
25, 26 o.

«Aschermittwoch». Federzeichnung von Franz Deufel im Büchlein zum Großen Narrenfell, Fasnet 1939.